LIAISONS DANGEREUSES À TRÈS HAUT DÉBIT

MARCEL **KADOSCH**

COUVERTURE :

« EXIT à la Escher » © Marion Aris 1990

ISBN 978-1985581654

AVANT PROPOS

« Soixante-dix euros soixante huit » : non, ce n'est pas le prix de ce livre ; cela aurait pu être son titre. C'est le prix d'un chapeau de paille d'Italie qu'un cheval aurait mangé, peut-être : on ne sait pas, le cheval n'a rien dit ; parce que c'est un cheval, il ne parle pas. De plus, dans la comédie d'Eugène Labiche : « *Un chapeau de paille d'Italie* », ce cheval n'intervient à aucun moment sur la scène : ce n'est pas un personnage de la pièce. Et si on l'y introduisait à l'occasion d'un *remake* ?

Il s'est dit que l'Intelligence Artificielle est appelée bientôt, dans peu de temps, à dominer un monde habité par des hommes vivant très longtemps, qui n'auront rien à y faire parce qu'on n'aura plus besoin d'eux, même pas pour réparer les pannes d'une IA qui ne tombera plus jamais en panne. Mais alors Qui aura besoin d'Intelligence Artificielle, si c'est une Science sans conscience, mais sans ruine de l'âme puisqu'il n'y aura peut-être plus de conscience ni d'âme ? Qui ou quoi poussera l'IA à concevoir et créer une âme, difficile à mettre en panne, impossible à ruiner, dès lors qu'elle n'aura, peut-être, nul besoin de conscience si elle n'a pas de corps à préserver?

Certains développements marginaux de l'IA, ou déjà anciens et classiques, utilisent des objets techniques informatiques, comme les *réseaux booléens*, qui tendent à prouver que les êtres vivants présentent des propriétés semblables à celles de ces systèmes, capables de s'auto-organiser, et par là de faire émerger toutes les propriétés qu'on attribue à la vie, même la vie humaine y compris la pensée, les passions : celles-ci ne seraient que de la matière organisée, dans une forme qui émergera peut-être, pour contourner des obstacles... dont nous n'avons aujourd'hui pas plus l'idée que les animaux n'en ont des *objets* qui intéressent les humains qui les ont créés et qui peuplent leur monde, mais pas celui des animaux[1].

Cependant tout téléspectateur, toute personne branchée sur Internet, peut aisément constater le contraste saisissant entre les annonces fracassantes, apocalyptiques qui abondent sur l'avenir de l'IA et l'état *actuel* de sa relation avec les utilisateurs de l'Intelligence Artificielle présente sur un marché : celui de la communication téléphonique et télévisuelle, et téléspectatrice (pas encore télésentante bien qu'annoncée depuis longtemps[2]). Il n'est que de parcourir les forums où les victimes d'une insuffisance de compétence comme de performance de la plupart des candidats promoteurs déversent leur bile vengeresse.

Le futur destinataire *lambda* d'un objet ou d'un service créé en utilisant l'IA écoute distraitement le spécialiste disserter, par exemple sur l'existence d'une IA faible et d'une IA forte, ou sur le *Machine Learning*, éventuellement *Deep , l'apprentissage supervisé* qui reconnaît les images ; ou bien, s'il n'y a plus ou pas encore d'images à reconnaître, un *apprentissage non supervisé* dont nous aurons l'occasion de reparler : à ses yeux c'est une Boîte Noire, et il demande simplement : *à quoi ça sert* ? Intéressé par l'objet mais pas curieux de sa fabrication, il ne se soucie pas d'ouvrir la Boîte Noire tant que *ça marche*, qu'il obtient une réponse attendue : I.A ou pas IA, il ne s'interroge à son propos que si le système *tombe en panne* ; il exprime du mécontentement si la panne dure, et s'il finit par ne pas obtenir de réponse satisfaisante, il n'adopte pas le système, rappelle quels sont les vrais objets de son désir, ou déclare qu'il ne désire rien[3].

Alors en attendant que d'éventuels surhommes artificiels parviennent à supplanter Homo Sapiens Sapiens, ce livre se contente, très modestement, mais en espérant être utile à quelque chose, de traiter « d'une certaine intelligence artificielle »(*ia* minuscules !) : celle qui existe et qu'on utilise aujourd'hui dans l'industrie citée, en la désignant par ce « nom » (nous commenterons plus loin cette action particulière), à propos d'un exemple réel, actuel, donc survenu comparativement dans un monde vivant à une époque méritant d'être qualifiée de pré-historique : la nôtre, où il est arrivé que des objets ou services utilisant une forme d'*ia* disponible sur le marché tombent effectivement en panne, ou subissent un « bug » : exemple qui est

---

[1]KADOSCH M. : *Les embûches de la création* : CreateSpace 2017, pp 70, 101.
[2] HUXLEY A. : *Brave New World* (Le Meilleur des Mondes), 1931, Pocket 2010.
[3]KADOSCH M. : *Les embûches de la création, op.cit ;* p. 50

intervenu subrepticement dans la vie de l'auteur du livre, qui utilise comme tout le monde l'informatique, le « numérique », tout en étant ignorant de sa pratique, ce qui l'a conduit à réfléchir à l'état actuel de la question en « honnête homme », comme on disait au XVIIème siècle.

En dehors de son expérience propre de téléspectateur, il n'a pas d'autre connaissance technique sur ce sujet que ce que chacun peut trouver rapporté dans Internet, Wikipedia, dans les guides du « Big Data », et entendre dans les vidéoconférences des gourous de l'IA

Il y était peut-être prédestiné, car il avait imaginé dans un ouvrage antérieur l'histoire d'un robot devenu la victime d'un robot se prétendant d'une intelligence artificielle supérieure[4]. Mais il n'a pas imaginé qu'il allait faire vraiment la connaissance d'un robot *silencieux, mangeur d'un chapeau de paille d'Italie*, qu'il n'a pas tout à fait réussi à situer malgré ses efforts.

Je connaissais par ouï-dire le sujet de la comédie d'Eugène Labiche : je ne l'ai jamais vue, le film non plus. J'ai lu la pièce dans Internet. *Elle m'a rappelé plusieurs histoires* : celle que je rapporte dont j'ai été le héros involontaire ; et d'autres similaires qu'on m'a racontées, que je résumerai. Ce cheval existe : je ne l'ai pas rencontré.

---

[4] KADOSCH M. : *Avatars de la vérité,* Createspace 2015, ch4 : Intermezzo pp.43-50

ÊTRE ET PENSÉE AU XXIème SIÈCLE

Il y a déjà longtemps (au XXème siècle !), l'anthropologue Gregory Bateson aimait répéter l'apologue suivant[5] :

« Un homme s'interrogeait sur l'esprit présent non pas dans la nature, mais dans son grand ordinateur personnel (*personal computer*).
Aussi lui demanda-t-il, un jour dans son meilleur Fortran ^{voir au bas de cette} page.

« Computez-vous qu'un jour vous penserez comme un être humain ? »

La machine se mit alors au travail pour analyser quelles étaient ses façons à elle de computer.
Enfin elle imprima sa réponse sur un morceau de papier, comme faisaient ces machines-là.
L'homme se précipita alors pour lire cette réponse et découvrit ces mots, impeccablement imprimés :

CELA ME RAPPELLE UNE HISTOIRE

Qu'est-ce qu'une *histoire* ? Cette façon *d'être relié* que nous appelons la *pertinence* : A est *pertinent* à B s'ils sont tous deux des parties de la même « histoire »... La pensée par histoires serait commune à tous les *esprits* : les nôtres, les forêts de séquoias, les anémones de mer... »

« Tous » les « esprits » ? Les automates ? Les ordinateurs ? Les robots ? Les réseaux ? Esprits s'ils relient A et B, par un lien matériel ? Ou par une intelligence artificielle ? Et dans ce dernier cas comment ce que A peut *dire* peut-il faire partie de la même histoire que ce que B veut *décrire* ?

---

[5] BATESON G. : *La peur des anges*, Seuil, 1989, pp.53, 201

8

Le Fortran, ce fut, il y a vraiment très longtemps, le degré 1 de *l'écriture informatique* ! celui d'un *programme général* d'une pertinence entre A et B, faisant suite au degré zéro : celui de *l'écriture binaire informatique*, introduite par une femme, Ada Lovelace, qui fut aussi la première à avoir pressenti l'avènement d'une *intelligence artificielle, i.e.* que sa *machine à calculer* pourrait devenir une *machine à « penser»*, de même qu'un métier Jacquard à tisser des motifs *floraux* pourrait devenir un métier analytique à tisser des motifs *algébriques,* peut-être sous l'influence d'une autre femme, Mary Wholestonecraft Godwin, qui rappela l'histoire d'un docteur Frankenstein, créateur d'un *être humain artificiel* monstrueux ; et suivi du degré 2, le A-O, futur Cobol, premier langage de *traitement des Data*, descriptifs et prescriptifs de n'importe quoi, imaginé aussi par une femme : la lieutenante, future vice-amirale de l'US Navy Grace Hopper.

Un jour plus ou moins lointain, des analystes de *Big Data* y découvriront que le père d'Ada était un lord boiteux nommé Byron, et l'époux de Mary un certain Shelley, qui croyait que l'alouette *n'a jamais été un oiseau*[6], volant avec une paille vers son nid, mais un *réseau d'ondes WIFI*, comme une étoile en plein midi, modulant le chant du poète oublié dans la lumière de la pensée, la musique d'amour de la demoiselle de haut lignage, la couleur du ver luisant doré, l'odeur de la rose que le vent brûlant voudrait voler mais qui le fait s'évanouir (cf p.25); ce Byron et ce Shelley auraient été des *amis*, qui s'occupaient à fabriquer des « poèmes » : sortes de messages codés, composés d'une suite de morceaux d'un millier de bits environ, assemblés par des liens sonores codés appelés « rimes », qui seraient les lointains ancêtres des messages *d'Internet.*

Mais d'abord avant même de parler de machine à penser, *qu'appelle-t-on pensée?* Heidegger soutient que la science ne pense pas, mais calcule. Partant du fait que certaines pensées, n'en déplaise à Heidegger, sont formulables sous la forme de calculs réalisables par un réseau de neurones artificiels, Warren Mc Culloch a construit une machine produisant ce type de formule. La machine à calculer peut devenir une machine à penser, si penser revient à calculer, d'une certaine manière.

Parménide est considéré comme le premier philosophe, pour avoir déclaré:

---

[6] SHELLEY P.B. : *To a Skylark*, 1820.

« le même, lui, est la fois penser et être »(*to gar auto noein estin te kai einai*).

Il s'affirmait inspiré par une déesse qui lui a dicté beaucoup d'affirmations impératives, dont cette déclaration, et décidait aussi que l'être et la pensée ne sont pas liés: on ne peut pas les discerner[7].

La déesse affirma aussi que le non-être n'est pas (*Mêden d'ouk'estin*).

Dans l'interprétation de Parménide par Heidegger, l'être domine la pensée qui est sous sa dépendance.

La pensée n'est pensée que *sous la dépendance de l'étant* où elle s'enracine, elle n'est pensée que si elle pense l'étant :

« Penser et être s'entre-appartiennent »

Partant de là, on n'a pas manqué d'observer que cette manière de raisonner n'est autre que *le raisonnement par l'absurde*, que Parménide aurait donc inauguré.

Exemple: « S'il est faux que l'étant *n'est pas*, alors l'étant *est*. »

Mais les philosophes constructivistes le rejettent, pour insuffisance de preuve : « Si cet étant *est*, montrez-le ! »

Herbert Simon, pionnier de l'IA, a fait remarquer qu'on pouvait toujours *prouver* l'existence des girafes[8] : en en montrant quelques unes, mais de la même manière que l'existence d'une logique *prouvant* qu'elles n'existent pas : en développant des arguments avancés avant leur découverte ; comme l'ont fait Zénon, qui avançait une logique *prouvant* qu'Achille ne pouvait rattraper la Tortue, et Diogène qui sortit de sa jarre, se leva et se mit à marcher sans mot dire, *prouvant* le Mouvement par les sens. Ce geste n'oppose pas la vérité à l'erreur, même pas une vérité à une erreur, mais constate si une situation est opérationnelle ou non dans un certain monde : celui dans lequel des gens se meuvent et des girafes existent. Selon Simon, la question n'est pas de savoir si elles existent, mais si elles sont nécessaires et utiles dans un monde.

---

[7] KADOSCH M. : *Avatars de la vérité, op.cit.* : Parménide pp.71-84
[8] SIMON H. : *Les sciences de l'artificiel,* Gallimard, Essais 2004, p. 208

Qu'attend-on alors d'abord d'une « pensée », intelligence supposée d'une machine, quel qu'en soit le mécanisme ? Qu'elle soit capable de raconter une histoire, en reconnaissant que deux choses A et B reconnues pertinentes sont *différentes*, ou qu'une même chose a *changé* dans le temps : que A au temps 1 devient B différent au temps 2. Peu importe comment *est* la machine qui fait cela : ce qui importe c'est ce qu'elle *fait* : en reliant A à B, elle a repéré une *différence*, ou opéré une *transformation*, un *changement* de A en B.

Que pourrait-on attendre d'autre ? Il serait utile, voire nécessaire, qu'elle soit capable de reconnaître entre A et B des rapprochements : que B *ressemble* à A, *imite* son apparence, son comportement ; ou une *analogie* entre un *modèle* A et un imitateur B cherchant à reproduire le fonctionnement, l'action de A, suggérant à partir de là une *hypothèse* sur ce fonctionnement.

L'imitation, l'analogie est une pensée *métaphorique*. Le récit, l'histoire est une pensée *métonymique*. L'une et l'autre sont susceptibles d'être produites par une machine ; et une *hypothèse* ? aussi, dans une certaine mesure[9], à condition de la confirmer par l'expérience, ou en utilisant un *générateur d'hypothèses* pour chercher des structures cachées dans les *Data*[10] .

A propos de l'exemple réel concret présenté comme objet de ce livre, annoncé au début du chapitre, dont l'histoire sera racontée, il sera précisé un peu plus loin quelles sont, dans ce cas, ces choses A et B faisant partie d'une même *histoire*, qui pourrait être celle d'une *imitation*, où elles seraient reliées par une *pertinence* qui pourrait être une *analogie*.

A et B sont-ils des vrais *personnages* dans une vraie histoire ; ou des choses qui *sont* dans l'histoire, qui y *font* quelque chose : des *objets* ; ou des choses qui *pensent* : des *sujets* ; ou simplement des choses qui *arrivent* : des *évènements* ? A et B seront *nommés*.

Si A et B sont des personnages, on pourrait les appeler : Expérience et Raison, les écouter raconter la succession d'histoires des philosophes antiques puis contemporains, aboutissant à celles des ténors actuels de l'Intelligence Artificielle future, qui nous prédisent que la Raison fabriquée

---

[9] KADOSCH M. : *Les embûches de la création*, *op.cit* ; L'Analogie, modèle de l'Abduction, p.83
[10] SIMON H. : *op. cit.* : Les processus de découverte, p.193

par cette Intelligence l'emportera bientôt sur celle élaborée par ces hommes éminents mais dépassés, d'Héraclite, Parménide et Platon à Descartes, Husserl, Merleau-Ponty, sans oublier des intermédiaires humains: Wiener, Mac Culloch, Von Neumann,...

Mais l'ambition de ce livre est plus restreinte et il ne sera nommé que quelques auteurs « anciens », cités en bas de page.

Comment repérer une différence ou une ressemblance ? Un corps perçoit le monde extérieur à lui par des organes perceptifs, remplaçables par des machines à voir, regarder ; entendre, écouter ; sentir, humer ; toucher, tripoter ; goûter, sucer ; ou deviner une présence, la repérer.

Beaucoup d'actions activées par ces perceptions et proprioceptions : la reconnaissance visuelle, auditive, olfactive, tactile, la kinesthésie des objets, y compris des êtres vivants par leur visage, leur voix, leur odeur ; leur repérage par des noms, des images, leur conservation dans un magasin de stockage nommé *mémoire,* sont des « computations » du cerveau humain que des algorithmes futurs computeront, et mettront-à-disposition d'une éventuelle machine à traiter cette information qui pourrait commencer à représenter une première couche, computable, de ce que nous nommons *conscience*.

Ce faisant, on n'aura toujours pas commencé à aborder ce qui constitue un rapport entre le corps et l'esprit : les sensations corporelles des couleurs, des odeurs, des sons, les émotions, la compréhension de soi-même et des autres : toutes choses qui participent à une certaine intelligence et à la capacité d'action qui en découle : cette intelligence que l'être humain possède, une machine construite par l'homme, et non par la nature, pourrait-elle l'acquérir, voire en dépasser certains aspects ?.

Toujours d'après Bateson, les progrès spectaculaires réalisés dans la construction de robots, ceux notamment qui sont des automates présentés sous une forme humanoïde, suscitent à la fois l'admiration et la crainte envers ces objets techniques : deux comportements contradictoires s'apparentant à un *jeu à somme nulle*, et susceptibles par là d'engendrer une *double contrainte*, génératrice de *jugements schizophrènes*.

Selon le philosophe Gilbert Simondon, ces deux attitudes contradictoires de l'homme envers la machine le conduisent à la traiter soit comme un ustensile pourvu d'une utilité, soit comme une créature humanoïde, un

« Golem », animé d'intentions hostiles : pour profiter de son utilité sans danger il doit donc trouver un moyen de la mettre en esclavage. Mais il commet une faute logique s'il croit que le pouvoir de la machine Golem est proportionnel à son degré de perfection technique[11].

Une machine produisant automatiquement un fonctionnement unique, prédéterminé, comme un jouet mécanique activé à l'aide d'un ressort, un gramophone remonté avec une manivelle, est un automate d'une utilité vraiment très limitée.

Elle est ce que le cybernéticien W.R. Ashby appelle la *machine déterminée*[12]. Ce sera dans ce qui suit la machine qui lit un chèque, objet monétaire à fonctionnement prédéterminé.

Un chèque est un objet matériel, dont la manutention automatique est une opération du domaine de la logistique, bien développée dans les services postaux et dans les banques. Il contient une information codifiée dont le transport et même le traitement ne nécessite pas de très haut débit, comparativement à celle d'une photo ou une vidéo, ou même une simple lettre, mais dès lors qu'on voudrait en percer le sens, cela pourra engendrer une dépense d'énergie énorme, d'un tout autre ordre de grandeur.

Une machine déterminée, automatique, réalise toujours la même relation entre A et B, quels que soient ces A et B. Or ce qui augmente réellement le degré de perfection technique d'une machine, c'est l'éventuelle indétermination de son fonctionnement, qui l'autorise à s'adapter à de l'*information* provenant de son environnement, si elle doit opérer dans *d'autres conditions*.

Mais la différence, disons entre des conditions I et des conditions II d'utilisation de la machine peut être vue aussi bien comme une *transformation*, un changement de I en II, qu'une *relation* entre des conditions I et des conditions II en deux endroits différents pour mettre A en relation avec B dans une *histoire*, ou une *comparaison*.

On peut convenir de *désigner* chaque condition par un paramètre qui la nomme : Ashby appelle *entrée* ce paramètre, qui détermine le comportement d'une machine déterminée susceptible de réaliser plusieurs

---

[11] SIMONDON G. : *Du mode d'existence des objets techniques*, Aubier 1958, introduction
[12] ASHBY W.R. : *An Introduction to Cybernetics*, Chapman&Hall, 1956, ch. 3 et4.

relations différentes I, II, etc. entre A et B, et il nomme *sortie* le résultat produit par la machine pour chaque entrée. Il nomme *machines à entrées* ces machines déterminées susceptibles de déterminations multiples.

Des machines à entrées peuvent être *couplées*, en utilisant la sortie de l'une comme entrée de l'autre : c'est une manière de changer les conditions de la deuxième en lui imposant les sorties de la première comme paramètres nommant ces conditions nouvelles.

L'exemple qui sera traité ici présente des machines ainsi couplées : une première machine A est couplée à une machine B de telle sorte que des changements I opérés par A affectent, voire déterminent les changements que produira la machine B à laquelle elle est connectée ; mais le fonctionnement de A n'est pas affecté par celui de B. Dans ce cas, on dit que *la machine A domine la machine B*.

La machine A est pertinente à B : elles font partie de la même histoire, une histoire de *dominance* ; et donc de *dépendance* en sens inverse.

C'est le cas de la relation entre A : Bateson, et B : son Chat ; celui-ci fait : *miaou ! dépendance !* Il se contente de signaler à son maitre A qu'il est dominé. Il ne peut pas dire au maitre : Occupe-toi de Moi s'il n'a pas de Moi. Il appartient au maître de comprendre le miaulement comme une entrée réclamant comme sortie que la machine Bateson prenne l'initiative I de donner du lait à la machine Chat.

Mais il est aussi possible de coupler A et B de telle sorte que chacune affecte l'autre : pour cela il faut qu'elles aient toutes les deux un « paramètre » d'entrée.

En d'autres termes les machines ou personnages A et B *communiquent* entre eux, dans les deux sens : situation dont les conséquences sont familières sous leur nom anglais de *feedback*. Ce cas d'interdépendance est très simple et naturel dans des situations élémentaires mais devient vite très compliqué dès qu'il y a plus de 2 ou 3 machines qui interagissent et que chacune a des entrées multiples.

Dans l'exemple traité ici, trois machines seulement à entrées multiples n'auront pas réussi à détecter par leurs propres moyens un *défaut de*

14

communication, même en activant au passage une autre machine dominée, et dont le résultat final sera :...ce livre, qui en raconte l'histoire.

Le cas où la machine à décrire est un système biologique exige un très grand nombre de paramètres. Il ne sera pas considéré ici, mais il nous laisse entrevoir une trace matérielle de ce qui pourrait différencier le corps de l'esprit dans une machine à intelligence artificielle.

Sans rentrer dans les détails techniques, en attendant les algorithmes futurs supposés capables de computer une conscience, il en existe déjà, à mesure qu'on dispose du moyen de manipuler et de traiter des milliards de milliards et plus de ces données appelées *Data* : ainsi les algorithmes réalisant le mécanisme des étapes successives des manières de relier A à B dans une même histoire, considérée comme un « vecteur » reliant une « question » à une « réponse » ; disons à titre d'exemple la reconnaissance d'un visage à partir d'une photo, le vecteur étant alors une machine compliquée réalisant une Intelligence Artificielle sous la forme de *réseaux de neurones multicouches, convolutifs, récurrents, capables de rétro-propager un signal pour s'assurer qu'il est suffisamment « pertinent »*.

Mais une machine n'est pas encore capable de faire ce que fait un bébé qui vient de naître, qui selon la description qu'en donne Piaget [13] ressemblerait assez à *l'apprentissage non supervisé*, ne se souciant pas de distinction entre des entrées perçues, et des sorties à prédire, évaluées d'abord comme des fonctions aléatoires d'une majorité de *data* : données susceptibles d'être regroupées *(clustering)* pour prétraiter l'information recueillie sur le monde d'une manière simplifiée en première approximation.

Piaget a expérimenté un matériel sous-la-main : l'être humain à l'état naissant, où le système sensoriel et le système moteur s'ignorent réciproquement, puis organisent une interconnexion au contact du bruit : l'information première viendrait des actions sensori-motrices, précédant le langage, le concept, la représentation ; puis des actions intentionnelles.

Au commencement est *l'action indifférenciée* du nouveau-né ne se percevant pas comme sa source, mais centrée sur un corps, l'attention fixée sur l'extérieur.

Le *Sujet* émerge de la coordination de ces actions, et l'*Objet* de la réaction à cette action. La centration initiale sur le corps forme leur

---

[13] PIAGET J. : *L'épistémologie génétique*, PUF Que sais-je ? n° 1399, 1970, pp.14 et seq.

référence commune et leur localisation. Puis une révolution copernicienne décentre les actions du corps, qui est reconnu être un objet comme les autres.

Les actions se coordonnent par assimilations réciproques pour constituer la connexion entre moyens et fins caractérisant l'acte d'intelligence, et le sujet comme source d'actions et de concepts : il construit un espace où il se déplace, et y place des objets différenciés, susceptibles de répondre à une fin.

Rien ne semble empêcher de le voir comme un Sujet Désirant les premiers Objets de Désir qui lui apparaissent quand son appareil neuronal s'est structuré.

Rien non plus ne semble empêcher de le voir comme un être pensant, capable de concevoir, créer par la suite d'autres objets, de découvrir le monde à l'aide d'autres objets que ses sens,: un téléscope, un nanoscope, un ordinateur ; d'acquérir le langage par apprentissage ; de finir à la longue par faire la conjecture qu'il n'est lui-même qu'un système dynamique auto-organisé en une matière d'où émerge de la pensée, puis la conjecture que ce système pourrait un jour devenir l'esclave d'un système plus élaboré que lui, capable de le dominer comme il domine les animaux.

Une telle description des relations de l'homme avec le monde, qui part de l'existence de sujets et d'objets, est pratique pour l'élaboration d'une Intelligence Artificielle ; elle ne prétend pas expliquer l'origine de ces entités, mais elle a prêté dès l'origine à de vigoureuses contestations : par Chomsky, qui nie que le langage résulte d'un apprentissage, le voit comme venant d'une capacité innée ; par les disciples de Heidegger, qui rejette le dernier stade du schème sensori-moteur aboutissant au concept, n'admet pas davantage que les rôles d'une histoire, et de l'IA, soient tenus par des sujets individuels : concepteur, créateur, destinataire, finalement dotés d'une conscience.

Pour ce philosophe, l'accès au monde de ces personnes s'arrête au stade primitif de l'être ne se percevant pas comme sa source. L'être a accès au monde dans un sens pratique, jeté dans l'action ; une intelligence artificielle n'existe pas dans ce monde, elle n'existerait que dans l'événement du manque-à-disposition, d'où elle émergerait comme étant-à-portée-de-la-main, dans un monde des sens[14].

Par ailleurs, dans toute pensée computée dans un cerveau à partir de perceptions, de sensations, d'émotions A, repérées dans une mémoire par un nom B, résultat d'une transformation par codage en vue d'opérer une classification, il y a un rapport, pertinent ou non suivant des conditions de contextes, entre ce nom B et la chose rapportée A.

Examinons cela de près, car dans l'exemple réel objet de ce livre les machines considérées travaillent à partir de ces noms pour fabriquer une histoire.

Si A et B quoique différents ont la même *structure*, fonctionnent exactement de la même façon, comme un système mécanique et un système électrique analogues, comme une photo et son négatif, s'ils sont assimilables par là à un *modèle* l'un de l'autre, à une *analogie*, on dit qu'ils sont *isomorphes*. Si la chose rapportée A est un système biologique, concerne des êtres vivants, on ne trouvera pas de modèle réellement isomorphe en totalité, mais au mieux en partie. L'isomorphisme total définit pratiquement une identité.

Mais on peut envisager des degrés moindres de ressemblance : une machine A peut être comparée à une machine B fonctionnant comme une version simplifiée de A, n'en retenant que certains caractères : on dit alors qu'elles sont *homomorphes.*

Si A différent de B lui est relié par une histoire qui a l'ordre d'une séquence, sa structure est celle d'un enchaînement d'informations, que Bateson définit comme une suite de différences qui engendrent une différence : elle est *procédurale*, de l'ordre de l'algorithme. Si plusieurs A faisant partie de la même histoire sont reliés par une simple contiguïté, leur histoire commune couvre le temps, marqué par une sorte d'horloge, ou un diagramme de causes et d'effets, un vecteur question-réponse , ou bien l'espace d'une carte descriptive.

Alfred Korzybski[15] a expliqué jadis qu'avant de commencer à tracer une carte, qui n'est que le nom d'un territoire, il faut avoir essayé de comprendre

---

[14] WINOGRAD T. ET FLORES F ; *L'Intelligence artificielle en question*, PUF 1989, p.66

par quoi elle ressemble au territoire à représenter, qu'une *légende* essaie maladroitement d'expliquer à l'aide de couleurs et de mots, et surtout en quoi elle en diffère : car ces *noms ne sont pas les choses nommées.*

La *carte* n'est pas le *territoire*. Le calendrier n'est pas le temps vécu ou à vivre. Le rapport entre le nom et la chose nommée, entre la carte et le territoire, sera au mieux un homomorphisme.

Les manifestants qui proclament : « *Je* suis A », «*Nous* sommes tous des A», énoncent au plus un vague homomorphisme participatif.

Il serait donc probable que cette distinction entre A et B, entre le territoire et la carte, entre la chose nommée et le nom, s'effectue quelque part dans le cerveau, qui est justement divisé en deux hémisphères : l'hémisphère droit qui recueille les perceptions, sensations, engendre les émotions, les choses nommées, n'est sans doute pas capable de les nommer ; cette tâche est dévolue à l'hémisphère gauche où s'élaborent les comportements rationnels : A serait donc à droite, et B à gauche.

Cependant selon le neurologue A. Damasio la conscience ne se formerait pas dans le cortex cérébral, mais plutôt dans un tronc cérébral primitif, commun à plusieurs espèces, et dont l'architecture nerveuse serait un meilleur candidat à une machine à intelligence artificielle, et surtout, pour commencer, au mécanisme d'*homéostasie* du « corps » de la machine, visant à sa résistance aux variations du milieu extérieur par des interactions intérieures, assurant ainsi une *survie*, comme l'exige la Troisième Loi des Robots, évoquée en fin de cette présentation.

Nous en sommes encore fort loin, et le cybernéticien Ashby a trouvé plus urgent de se demander, pour commencer, à quoi pouvait ressembler déjà un cerveau *au plus bas niveau possible de complexité de l'être pensant ou non*, tout en conservant une certaine capacité de survie, et il a proposé comme modèle le Rocher de Gibraltar[16].

Si l'on en juge d'après son dernier nom : *Djebel Tarik*, le rocher est-là au moins depuis 13 siècles ! *Il persiste*, en résistant au changement ; les vicissitudes de l'environnement, les coups de bec dans la roche des oiseaux

---

[15] KORZYBSKI A. : *Science and Sanity*, S.Y. Science Press,1941.
[16] ASHBY W.R. : *op. cit.* pp.109 et 279

migrateurs ne parviendront à l'entamer qu'à très long terme : le rocher *est,* jusqu'à nouvel ordre.

Le *rocher matériel,* comparé à un *cerveau-étant,* comme au *refroidissement du fût du canon,* processus physique, leur ressemble en ce que ces trois étants *persistent* : ils survivent *dans un environnement* : *survivre* n'implique pas forcément *vivre,* mais *penser* l'implique peut-être *:* « *Thought is the slave of life*[17] », a dit Shakespeare, qui ne connaissait pas l'IA *; mais « ils restent dans l'étant » : t'eon emmenai ,* s'est contenté de dire Parménide en grec, ils « *persévèrent dans leur être »,* conatus insiste Spinoza en latin, un être « *d'une insoutenable légèreté »,* soutiendra Kundera en s'arcboutant. Ils ont en commun cette caractéristique-là, ils *existent* pendant « *un certain temps »,* non spécifié. Ils sont *homomorphes* au plus bas niveau imaginable : niveau où il est bien possible que pourrait se situer l'objet de ce livre.

J'ai suggéré qu'Ashby a dû se rappeler à cette occasion le monologue sans voix à la fin du roman *Ulysse* de J. Joyce, pensé par un cerveau ensommeillé : un exemple précurseur de *Big Data* avant l'Histoire !

Ce roman relate les pérégrinations lors d'une journée ordinaire de Leopold Bloom et Stephen Dedalus à travers la ville de Dublin, inspirées par les pérégrinations d'Ulysse et de Télémaque relatées dans l'Odyssée, qui se terminent à Ithaque : ces personnages rappellent une histoire : celle de l'Odyssée ; leurs aventures sont pertinentes à celles d'Ulysse et Télémaque ; on peut même les qualifier d'homomorphes.

Ils finissent par parvenir au petit matin à la maison de Bloom, qui s'abat et s'endort dans le lit conjugal où il a fini par rejoindre sa femme Molly , qu'il avait rencontrée jadis pour la première fois à Gibraltar, justement ; cette fois il l'a réveillée, et elle essaie de se rendormir : d'où une rêvasserie intarissable en état de demi-sommeil, commençant et finissant par un *oui,* senti et pensé par le cerveau de Molly Bloom, qui n'a aucune idée de ce qu'a fait Leopold au cours de cette journée, ni pourquoi il est rentré flanqué de ce jeune Stephen Dedalus ; de ces pérégrinations dont elle se fiche complètement, comme de l'Odyssée d'Homère et de cette Pénélope dont elle est censée se rappeler les souffrances à Ithaque, Dieu sait pourquoi ;

---

[17] SHAKESPEARE W. : *King Henry IV,* Act V sc.IV, v.81

et ce *Oui* final signalant qu'elle a fini, au bout d'une longue rêverie érotique, par se rappeler sa première rencontre avec ce Leopold, après une logorrhée de souvenirs d'émotions ressemblant assez à ce qu'on peut lire dans les publicités, les spams, dans Facebook, dans les commentaires des internautes sur tous les évènements, dans les indésirables qu'on voit se faufiler dans la boîte de réception de son e-mail et qui constitue un matériel de choix pour des analystes de *Big Data* :

« Oui puisqu'avant il n'a jamais fait une chose pareille de demander son petit déjeuner au lit avec deux œufs, (suit *un flux de cinquante pages de purs Data, données personnelles de Molly : à peine 0,1Mo !...*) oui et comme il m'a embrassée sous le mur mauresque je me suis dit après tout aussi bien lui qu'un autre avec les yeux de demander encore oui et alors il m'a demandé si je voulais oui dire oui ma fleur de la montagne et d'abord j'ai mis mes bras autour de lui oui et je l'ai attiré sur moi pour qu'il sente mes seins tout parfumés oui et son cœur battait comme fou et oui je veux bien Oui. »[18](C'est moi qui souligne, mais l'IA repérera l'intervention non soulignée de ce *Data* et l'analysera à sa façon)

J'essaye ici de raconter une histoire de machines couplées, où il manque au moins une liaison. Mais pour cela il ne suffit pas de penser : il faut aussi parler, ou écrire, se servir d'une forme de langage.

Peut-on penser sans parler, écrire ? Oui. Peut-on parler, écrire sans penser ? C'est ce que faisait le gramophone, le million de singes dactylographes évoqués par Emile Borel en 1909, qui finiraient bien par taper : «*Words, Words, Words*» de Shakespeare, mais quand ? Ils pensent à leur façon, mais tapent, peut-être, sur la machine ou sur la table, sans penser, ou se contentent de la malmener, ne sachant qu'en faire : ça ne se mange pas.

Les centaines de millions d'internautes qui écrivent n'importe quoi de nos jours donnent à cause de leur écriture l'impression de penser, mais ne pensent pas beaucoup plus que ces singes : très peu en moyenne statistique, sans doute moins que les robots existants, qui suivent un programme signifiant au moins quelque chose : une histoire, s'ils sont branchés correctement.

---

[18] KADOSCH M. : *Avatars de la vérité*, Createspace 2015, ch.1 : Colloque sur l'éclipse,p. 18

L'internaute fournit en contenu une matière à des *Data* à la fois mythiques et réels, qu'on tente d'exploiter comme une mine de diamants.

Pourquoi l'internaute écrit-il ? Peut-être a-t-il envie, ou besoin, de communiquer. Ces internautes communicants contiendraient donc des diamants à extraire.

Avant d'aborder cet important sujet, évoquons l'autre vision de l'IA : celle de l'intelligence d'une machine construite par la nature ; celle d'un système biologique non soumis aux limitations de la race humaine, ou différemment, l'intelligence de Homo Deus successeur de Homo Sapiens.

Une machine à intelligence produite par *l'évolution*, laquelle est une sorte de machine à intelligence naturelle, pourrait être vue comme ressemblant à l'œuvre d'une sorte de docteur Frankenstein : un être vivant produit d'une évolution de Homo Sapiens, dont l'intelligence serait le produit de l'évolution future de l'intelligence humaine, de même que celle-ci a été le produit de l'évolution de l'instinct : l'un et l'autre renfermant une connaissance innée, qui a porté dans le cas de l'instinct sur des choses, donc sur de la matière, et dans le cas de l'intelligence humaine sur des rapports, donc sur des formes [19] ; cette intelligence n'apporte la connaissance innée d'aucun objet, mais de relations, de ressemblances ; de ce qu'elle observe elle tire des hypothèses ; l'instinct se fabrique et se répare lui-même, mais il n'admet aucune modification, il est *déterminé* ; l'intelligence utilise un instrument *indéterminé*, difficile à employer, mais multi-usage, qui confère à l'homme un nombre illimité de pouvoirs.

Homo Sapiens a eu en outre la chance de pouvoir articuler ses cris, de trouver à l'arrière de son crâne des neurones inoccupés qui ont pu apprendre à les transformer en langage ; pourquoi ne finirait-il pas par être dominé à son tour par un être doté d'une super intelligence renfermant une super connaissance innée portant sur des pouvoirs que nous considérons comme magiques ?

Le successeur d'Homo Sapiens, œuvre de la nature, pourrait être un *hardware* habité par un plus performant que celui qui active notre réseau de neurones ; la nature finirait par trouver un matériel plus pertinent que le silicium, capable de faire partie d'un être vivant, ayant les propriétés requises établies par Schrödinger pour construire la vie, donc au moins une survie, celles d'un cristal apériodique.

---

[19] BERGSON H. : *L'évolution créatrice*, PUF, 1969 pp. 148-151

INTERMEZZO

L'histoire que raconte ce livre est celle d'un *service A* qui commence par *ne pas vouloir communiquer* avec un *client B*, ou *ne pas y arriver*, excepté par l'un des moyens qu'il reconnaît.

Un exemple légendaire est décrit par Homère dans son Odyssée : Ulysse, conseillé par la magicienne Circé, se fait ligoter solidement au mât de son navire par ses compagnons, dont il a bouché les oreilles avec de la cire pour qu'ils n'écoutent pas les sirènes au chant divin attracteur mais maléfique tandis que lui-même les entend : *beaucoup d'énergie collatérale est nécessaire,* pour ne pas communiquer comme pour communiquer[20].

De nombreux moyens ont été imaginés pour forcer A à communiquer, comme pour permettre à A d'éviter de communiquer.

Une LrAR est censée obliger le récepteur R à recevoir L, mais pas forcément à la lire, encore moins à y répondre.

Je reçois sans arrêt des e-mails en aller simple, qui précisent : (ne pas répondre@***.fr). Si je réponds quand même, je reçois un avis du *webmaster* qui confirme que mon message ne passera pas. Idem avec l'étranger : *(no-reply@***.net). Cannot accept incoming e-mail.*

Un adage répandu assure *qu'On ne peut pas ne pas communiquer.* Soit : mais qui est ce *On* ?

Soit A qui veut communiquer dans l'espace avec B dont il est éloigné par une certaine distance.

Jadis le général Miltiade remporta sur les Perses la victoire de Marathon située à une quarantaine de kilomètres d'Athènes. Un soldat A courut à pied de Marathon à Athènes pour communiquer la bonne nouvelle aux Athéniens B. Mais la course épuisa toute son énergie et il mourut aussitôt après.

---

[20]KADOSCH M. : *Avatars de la vérité, op.cit.* p. 83

Depuis les moyens de communication ont été perfectionnés, mais ils réclament toujours *une consommation d'énergie collatérale* par le communicant, tandis que de rien il ne sort rien.

A qui habite à Caen et B qui habite dans la banlieue de Paris (disons : à Arcueil) arrivent à communiquer verbalement ou échanger des marchandises : en allant l'un vers l'autre (à pied, à cheval ou en voiture) ; ou par écrit en utilisant la Poste pour échanger des lettres ou des colis ; ou vocalement par une ligne électrique de téléphone en cuivre transportant des courants modulés ; ou à travers l'espace à l'aide d'une liaison à Très Haut Débit, par exemple par fibre optique, capable d'acheminer des messages codés tapés sur un clavier puis découpés en morceaux de 1000 bits limités par des liens d'assemblages codés, voyageant au gré des vents d'une auberge « hôte » à l'autre jusqu'à une auberge finale en B où le message est recomposé à partir de ses liens pour être lisible et lu.

Au lieu d'un champ électromagnétique on pourrait utiliser la gravitation terrestre : une version moderne de soldat de Marathon air-sol, qui eut lieu sur quelques milliers de pieds parcourus dans les airs, a été rapportée par le journal suisse *Interavia* (je ne me rappelle plus à quelle date) : selon ce périodique les Suisses auraient la réputation de communiquer leurs messages *avec très peu d'énergie collatérale*, à une extrême lenteur.

Le journal rapportait la mésaventure survenue à un jeune habitant de Berne qui voulait apprendre à sauter en parachute.

Après des exercices d'instruction préparatoires utilisant une tour, le jour vint d'essayer de sauter d'un avion. Tandis que l'avion s'apprêtait à survoler un terrain d'atterrissage prochain, le moniteur au bord de la trappe ouverte rappela à son élève ses dernières instructions – « Quand je dirai : Go ! Tu te lances dans le vide. Puis tu comptes : un, deux, trois, et tu tires fort sur cette boucle pour ouvrir le parachute... Tu es prêt ? Go !! » L'élève se lança et tomba comme une pierre. On s'en aperçut au sol. L'ambulance de service fonça à toute allure vers le point de chute, et arriva, juste à temps pour recueillir le dernier soupir du malheureux qui murmura : « D.. deux.. », ...et mourut.

HISTOIRE DU LIVRE

Conformément aux exigences de la CNIL, ce récit n'utilisera aucune donnée personnelle : l'anonymat des personnages sera respecté, leur nom remplacé par un pseudonyme et par des initiales. Le nom de l'auteur figure sur la couverture du livre, il est donc connu du lecteur. Mais il sera réduit à ses initiales par souci d'homogénéité.

Bonjour, cher Lecteur,

Je me présente, dans cet ouvrage, comme un <u>téléspectateur</u> qui signe ses lettres postales par les lettres de l'alphabet : *M.K.,* faisant penser au nom du personnage des deux principaux livres de l'écrivain Franz Kafka.

Nota bene : Les premiers lecteurs de mon manuscrit ont objecté que la situation décrite dans ce livre, quoique inhabituelle, n'avait vraiment rien de « kafkaïen »! J'en conviens volontiers, mais qui dit le contraire ? Il se trouve que mes initiales sont M.K. : je n'y peux rien, ce n'est pas moi qui les ai choisies, je n'étais pas en situation, kafkaïenne ou pas ! C'est par hasard, enfin presque: la probabilité *a priori* que mon prénom commence par la lettre M est 1/26, de même que la probabilité que mon nom commence par K, la probabilité composée de M.K. étant 1/676 : un peu plus d'une chance sur mille. Mais dans l'année de ma naissance, le prénom Marcel était à la mode et fort répandu ; c'était le prénom d'un écrivain célèbre : non, pas celui du très grand écrivain auquel vous pensez, il n'a commencé à être connu que l'année d'après ; c'était celui d'un écrivain très à la mode à l'époque, qui parlait des nouvelles mœurs des femmes, mais qui est complètement oublié. Quant à mon nom, c'est évidemment celui de mon père et de ma famille, qui commence par C. Je l'ai porté jusqu'à l'âge de 16 ans : quand j'ai passé le baccalauréat, j'ai demandé pour la première fois un acte de naissance, et découvert avec stupeur, comme mon père, que l'employé des services municipaux de la ville où il avait déclaré ma naissance, *verbalement*, avait écrit mon nom avec un K !

Donc, M.K. sera mon *nom.* Mais ce *nom* <u>n'est pas</u> *la chose nommée,* qui est : *Moi,* dans la mesure où ce Moi *est.*

Le *nom* ressemble au *garçon de café* dans *l'Être et le Néant* de Sartre, qui n'est pas ce qu'il *est,* qui joue à être ce qu'il *est* pour le réaliser.

Suivant Merleau-Ponty, M.K. n'est pas une chose du tout : le *Moi* qu'il désigne se voit lui-même voyant, *il* regarde sa main à *Lui.* Or les choses ne se voient pas elles-mêmes. Elles se montrent, apparaissent dans nos yeux. Quand *Il* regarde une chose, elle est dans son œil, et « là-bas ».

Donc M.K. est le *nom* auquel *Je* réponds quand *On* m'appelle ; quand *Vous* m'appelez, cher Lecteur : contrairement au troisième chien de *Cadet Rousselle qui fuit quand on l'appelle, ce chien* de Jean de Nivelle, qui prit le parti de Charles le Téméraire et refusa de répondre à l'appel de son roi. Refus de répondre *pertinent* à celui qui inspire l'histoire racontée ci-après, bien que n'ayant aucun rapport en apparence !

Vous m'appelez : *Moi,* qui *Vous* réponds, pas mon *nom,* qui ne *Vous* répondra pas. Parce que comme *le chien de Jean de Nivelle, il* ne possède pas la parole; et non parce qu'*il* n'a rien à *Vous* dire : *il Vous* dit peut-être plein de choses muettes qui apparaissent dans *Votre* cerveau et le traversent, et par là appartiennent à votre *Moi,* pas au *Mien.*

Le *nom* de ce chien de Jean de Nivelle, qui n'est pas *ce* « *chien* », était peut-être : « *Fous –le –camp* », dans le langage compris par le chien, mais utilisé par son interlocuteur pour l'appeler en pensant lui commander par l'intonation : « *Viens ici !* », à l'aide d'une des grammaires classifiées par Noam Chomsky pour caractériser les *contextes.*

Cadet Rousselle a trois maisons qui n'ont ni poutres ni chevrons : c'est pour loger les hirondelles qui traversent l'air à travers ces maisons sans autre support matériel, par un réseau local d'ondes sans fil à très haut débit WIFI transportant des données, comme l'alouette de Shelley. Contrairement au mépris, rapporté par A.Huxley, que son ami l'écrivain D.H. Lawrence affichait envers Shelley et son alouette théorique[21], un autre poète l'interpelle : alouette, as tu quelque chose à me dire ? Peux-tu me dire où est mon amour ? Y a-t-il une prairie dans le brouillard où quelqu'un attend d'être embrassé ? Et dans ton vol solitaire n'as tu pas entendu la musique merveilleuse de la nuit, s'évanouissant comme un feu follet[22] ?

---

[21] HUXLEY A. : *Contrepoint,* Plon, le Livre de Poche, p.146
[22] MERCER J. : *Skylark,* 1941

Mais ceci est une autre histoire, comme celle du chat de R. Kipling qui va par lui-même et tous les chemins sont pareils pour lui.

Ce sera la contribution infime de M.K. à l'émission et à la réception de *Big Data*.

M.K. a été client d'un FAIH : Fournisseur d'Accès à l'Information aidée par des Hirondelles : Fournisseur qui sera nommé dans cet ouvrage : le « Téléspectacle Sans Fil », le TSF.

M.K. a passé commande au TSF d'un contrat pour la fourniture de services de téléspectacles, de téléphone, et des télécommunications gérées par le système Internet, le tout à un Très Haut Débit assuré par les moyens techniques les plus performants, selon les dires du fournisseur.

Le TSF à l'instar de Cadet Rousselle a trois Services : un Service Client et un Service Régulateur qui travaillent à Caen, et un Service Encaisseur qui travaille à Bayeux. Il a aussi un pdg et un dircom.

La chanson dit qu'il a trois beaux yeux : l'un regarde à Caen ; elle se trompe en ajoutant que l'autre regarde à Bayeux : il ne regarde pas, il *voit* à Bayeux. *Voir* n'est pas *regarder*. Le troisième : la lorgnette, pourrait être le système de lecture optique décrit ci-après, qui voit les chèques.

M.K. qui voit et regarde avec ses propres yeux, entend et écoute avec ses propres oreilles, voit pour le moment le TSF comme une Boîte Noire : il ne voit rien de ses rouages internes ; il ne connaît que *les sorties* de cette Boîte : d'abord les data de publicité, les offres de services formulées, puis après qu'il ait introduit comme *entrée dans la boîte* la signature d'une commande, les services qu'il en reçoit, et les factures demandant le règlement contractuel de ces services. Il voit un Espace Client dans un Service Client dont il reçoit des messages.

Sa situation vis-à-vis de cette Boîte Noire lui rappelle une histoire : elle est semblable (homomorphe ?) à celle décrite par le tonitruant comédien Saturnin Fabre dans un sketch où il racontait sa visite chez un dentiste : il commence par être impressionné par sa machine, par ses gesticulations, il a peur, mais il aperçoit un ruban qui lui semble de loin de couleur rouge à la boutonnière du dentiste, qui le rassure : « il avait la Légion d'Honneur : j'avais confiance ! »Il ne regarde plus la machine, fixe la boutonnière, fasciné.

M. K. également impressionné, apprenant que la Boîte Noire délivre des services très performants à des clients très nombreux, imagine qu'elle doit fonctionner avec de très gros moyens techniques et informatiques : « Elle avait le Très Haut Débit, j'avais confiance[23] ! » Il accepte un prélèvement automatique sur son compte bancaire.

Le Service Client émet des factures, qui sont quelquefois payées par chèque par des téléspectateurs arriérés, ignorant les moyens modernes de paiement, ou refusant de les utiliser, avec ou sans raison. Ces chèques sont reçus et traités par le Service Encaisseur de Bayeux, qui les reçoit de Clients qui sont activés par le Service Client. Il semble donc que le Service Client *domine* le Service Encaisseur.

Avant même de faire appel à l'Intelligence Artificielle pour le règlement des factures, un Robot Encaisseur tel que celui d'une banque où les chèques sont présentés à la main, est équipé d'un système optique qui est capable de lire un chèque émis, donc un montant, un nom d'émetteur (MK) et son numéro de compte bancaire, et un nom de destinataire : système auquel il est commandé qu'il verse le montant indiqué à un compte bancaire du destinataire, dès lors qu'il a identifié la présence d'un chèque : c'est une *machine déterminée à entrées multiples,* capable d'acheminer les règlements par chèque émis par une multitude de clients vers leur *compte client* ouvert chez un fournisseur. C'est un robot qui peut lire et effectuer des tâches automatisées commandées par un logiciel. Il porte le nom de :. « *bot* », abréviation anglaise de robot.

Le chèque sert à retirer une somme d'argent appartenant au Client, déposée dans son compte bancaire personnel, pour la transférer dans le compte Client ouvert par TSF pour chacun de ses clients, dans une banque où le Service Client a ouvert un compte spécial à cet effet.

Le Service Encaisseur dominé par le Service Client doit donc être équipé de cette *machine déterminée* : muni d'un système de lecture optique ce *bot voit* : ce qu'il identifie par la vue n'est pas *lu* à proprement parler mais reconnu comme un signe revêtu d'une signification monétaire à l'endroit déterminé où il est placé.

---

[23] KADOSCH M. : *Avatars de la vérité, op.cit.* p. 170

Sont pré-imprimés : le nom et l'adresse du propriétaire du chéquier ; son numéro de compte bancaire dans sa banque de dépôt, l'adresse de cette banque ; le numéro d'identification de cette banque émettrice ; le numéro du chèque dans le chéquier.

Sont inscrits par le payeur pour activer un transfert : un nombre décimal d'euros (en Europe) nommant une somme d'argent ; la signature du payeur et une date ; le nom du destinataire du chèque émis au profit d'une banque choisie par lui pour y recevoir cette somme d'argent, sur un compte client ouvert par lui au nom de ce client du destinataire, notamment pour recevoir le règlement de factures adressées à ce client par le Service Client.

Le Service Client a la charge d'organiser un dialogue satisfaisant avec des clients qui se comptent par millions. Il fonctionne dans un monde multicanal. Le TSF communique avec ses nombreux clients en leur envoyant des e-mails, mais il ne leur offre pas la possibilité de lui répondre par e-mail, car il craint d'être submergé, de ne pas pouvoir répondre à un flux excessif de demandes d'information : recevoir l'information du client par ce canal serait extrêmement coûteux. D'un autre coté, l'obliger à utiliser la Poste, payante, n'est pas très commercial : le client pourrait aller chez le concurrent, mais comme celui-ci fait face au même problème, aucun fournisseur d'accès à cette information n'offre l'accès par e-mail.

Le TSF n'offre qu'un numéro de téléphone surchargé, probablement relié à un ou plusieurs centres d'appel, soupçonnés d'être situés dans des pays où la main d'œuvre (on devrait dire plutôt : la bouche ou le cerveau d'œuvre) est bon marché : les agents du centre sont-ils à Caen, ou à Tombouctou ? Quelle importance s'ils sont capables de répondre avec pertinence, et cohérence : la distance ne fait rien à l'affaire.

Si l'on se rapporte aux explications qu'on trouve chez Internet et Wikipedia, les réponses d'un Service Client sont tirées d'une collection de modèles de réponses pertinentes aux demandes prévues en raison de leur fréquence. Les agents sont reliés à une base de connaissances commune pour assurer la cohérence des réponses, leur mise à jour. C'est le premier agent contacté par le client qui est le mieux placé pour identifier des lacunes éventuelles dans cette base, suggérer des réponses pertinentes.

L'IA et un Traitement Automatique du Langage Naturel (TALN) seraient mis à contribution pour aider l'agent à comprendre le client, la situation qui le préoccupe, et même le comportement émotionnel du client !

Le Service Client doit gérer un gros système configuré pour traiter <u>vite</u> de <u>gros</u> volumes de courriers, dont ses propres e-mails : plus le volume est gros, moins sa réponse sera pertinente ; elle tendra à être générique, inappropriée, inefficace : le client qui reçoit une réponse incohérente, voire erronée à sa question est obligé de la répéter ; il reformulera ses questions, ses réclamations par le même canal, ou un autre s'il en a la possibilité, et la Poste payante en dernier recours.

Or l'histoire qui est rapportée ici est celle *d'un défaut de communication* entre le Service Client de TSF et son client M.K., qui a provoqué des désordres. Ce n'est donc pas le fonctionnement normal d'un système configuré pour traiter avec efficacité la plus grande partie du courrier qui est impliqué dans cette situation, mais la manière dont il pourrait être mis en défaut par une circonstance particulière qui n'aurait pas été traitée s'il s'agit d'une situation exceptionnelle, anormale, de faible probabilité d'occurrence, donc de faible fréquence estimée.

La   Gestion de la Relation Client   (G.R.C., ou C.R.M. : *customer relationship management* en anglais) comporte donc un volet de Gestion des *anomalies* : les évènements particuliers. Mais on ne peut traiter *l'anomalie singulière*, dont on n'a pas prévu la possibilité, qui ne s'est pas produite au moins une fois. On repère au moins son existence quand elle se produit, on étudie alors sa propagation possible pour y porter remède.
Le téléphone malgré ses limites est un moyen de communication précieux car il est conversationnel : il offre donc une possibilité d'accès au *contexte* des questions posées si l'agent s'y prête, dans la mesure où il a compris la question.

Or l'accès au contexte est justement nécessaire quand la question est relative à une situation anormale, une anomalie, génératrice d'une lacune de traitement. Mais les agents contactés par M.K. pour leur expliquer son défaut de communication se sont sentis dépassés, et n'ont pas trouvé de réponse.
Certains fournisseurs, mais pas TSF, mettent à la disposition du public en plus du téléphone un *robot conversationnel*, capable de comprendre un texte entrant, utilisant l'IA et le TALN, Traitement Automatisé de Langage Naturel et une base de connaissances, donc de pouvoir répondre aux questions posées avec une certaine connaissance de leur contexte, comme au téléphone.

C'est un logiciel qui grâce à un algorithme est capable de <u>simuler</u> une conversation avec le client. Cette conversation simulée avec un robot s'appelle *chat* (en anglais) et le robot conversationnel qui simule un agent interrogé au téléphone est appelé : *chatbot.* Un *chatbot* est un *bot conversationnel*, capable de comprendre un texte entrant, donc utilisant l'IA, le TALN et une base de connaissances. On pourrait dire que le Service Encaisseur travaille avec un *bot*, et le Service Client avec l'équivalent d'un *chatbot*, mais qui ne serait pas mis à la disposition des clients pour traiter le courrier, et résoudre une anomalie éventuelle.

Il est connu que la France compte 65 millions de sujets, sans compter les sujets de mécontentement, nombreux chez les téléspectateurs.

Il est arrivé à M.K., mécontent du Service Client, de refuser de régler par prélèvement automatique sur son compte bancaire une facture émise le 20 août 2017 pour des services à rendre en septembre, ne coïncidant pas avec les services qu'il avait commandés par contrat ; et par suite de payer seulement ce qu'il croyait devoir de cette facture, à l'aide d'un chèque, contenu dans une lettre, envoyée le 25 septembre 2017 au Service Client du TSF.(cf p.55)

Lettre et chèque ont été envoyés par erreur ou insuffisance d'information à Caen qui a facturé, et non à Bayeux, où l'on encaisse un chèque après l'avoir « lu », mais d'où <u>l'on ne répond pas.</u>

Trois mois après, ce chèque n'apparaît pas encore comme émis *et encaissé* sur le compte bancaire de M.K., ni dans son compte client au TSF, qui y enregistre donc à la dernière ligne un *solde débiteur.*
Le Service Client *n'a jamais répondu* à la lettre citée qui lui était adressée.

Le Service Encaisseur n'a pas encaissé le chèque : peut-être parce qu'il ne l'a pas reçu, s'il ne lui a pas été transmis, ou pour toute autre raison que M.K. ne connaît pas, puisque le Service Encaisseur ne répond pas et que le Service Client refuse de répondre ou c'est tout comme.

L'erreur d'adresse ne semble pas en être l'explication : un deuxième chèque envoyé au même endroit, à Caen, cette fois pour régler la facture finale après rupture du contrat de téléspectacle, a été bel et bien encaissé : peut-être par le Service Encaisseur, M.K. ne le sait toujours pas.

Pas d'autre problème qu'une erreur d'un autre type : M.K., client non arriéré mais distrait, a mal lu le montant final à payer et émis un chèque d'un montant inexact : il y manque 2,97€ ; erreur courante que le Service Client n'a pas remarquée, mais cette fois en accusant bien réception de ce chèque à M.K. après l'avoir envoyé au Service Encaisseur.

Le Service Régulateur, jusqu'à présent dans la Boîte Noire, devrait certainement être apte à détecter le montant erroné par la suite, et à déclencher une correction s'il y avait lieu.

Le Service Régulateur devrait être programmé pour intervenir en *feedback* du Service Client s'il apparaissait un événement reconnu comme *anomalie* de fonctionnement, dont le programme aurait prévu l'éventualité et un traitement correcteur adéquat. Mais il se pourrait aussi que les Services Client et Régulateur ne l'interprètent pas comme une anomalie, mais comme un *règlement partiel*, un *acompte,* non signalé par le Client.

En principe il n'y a pas lieu que le Service Client du TSF *réponde* à une lettre contenant un titre de paiement : il lui suffit d'encaisser ce titre en ligne, ou de le transmettre au Service Encaisseur si c'est un chèque.

Mais il devient clair aux yeux de M.K. que la programmation des Services du TSF n'a pas prévu le cas où le chèque, envoyé par la Poste (action extérieure), *n'est pas présenté à l'encaissement*, quelle qu'en soit la raison, forcément accidentelle dans le cas présent : la lettre envoyée par la Poste précisait bien <u>qu'un chèque y était joint</u>.

Si le Service Client de TSF ne le voyait pas, ou si le Service Encaissement ne le recevait pas, il suffisait, et surtout *il appartenait* au Service Client de *répondre* au client qu'il ne voyait aucun chèque ; ou d'appeler le Régulateur pour lui dire « qu'il y avait comme un défaut », un « cactus » ; ou au Service Encaissement qui ne répond pas à l'extérieur, d'informer le Service Client en interne qu'il ne voyait pas de chèque.

M.K. constate *qu'ils n'en ont rien fait* : l'action extérieure n'a pas été décelée, peut-être parce que son éventualité n'a pas été répertoriée ; la lettre disait : « ci-joint un chèque » ; le comportement du Service Client peut s'expliquer s'il a fait appel au Traitement Automatique du Langage Naturel (TALN), lequel a fait comme si en *lisant* il avait *compris* : « je vais vous envoyer un chèque », qu'il l'ait *cru* ou non .

Mais M.K. a écrit un grand nombre de lettres pour dire et répéter que *ce n'était pas du tout le cas* : il a bel et bien envoyé un chèque au Service Client, il explique en détail dans des courriers successifs où trouver ce chèque dans cette lettre du 25 septembre 2017.

Le TALN du Service Client a fait la sourde oreille comme les compagnons d'Ulysse, et traité le chèque joint comme un chant de sirènes.

Quant au Service Encaissement, M.K. ignore ce qu'il fait puisqu'il ne répond pas à l'extérieur.

Pourtant la lecture des e-mails du Service Client ne peut être interprétée par M.K. que d'une seule manière : ce Service soumet les lettres qu'il reçoit au système de *Gestion de la Relation avec les Clients* (G.R.C.) : celui-ci devrait être capable de détecter la présence d'un chèque, explicitement spécifiée en langage naturel dans le texte de la lettre ainsi que l'endroit, et au surplus effectivement détectée dans le cas de la lettre suivante destinée à expédier le chèque de paiement de la facture suivante finale, ce qui aurait du amorcer la recherche d'une piste.

Dépourvu de toute information sur le fonctionnement du système de traitement du langage naturel adopté par le TSF, M.K. ne peut que conjecturer des généralités. Son langage naturel, lui dit-on, provient d'une capacité innée : toutes les langues voient sans apprentissage la distinction entre un nom et un verbe, entre la désignation d'un objet et celle d'une action, d'une relation ; « ci-joint un chèque », c' est un peu plus difficile que : « le chat est sur le paillasson », mais ne requiert pas des facultés surhumaines ; ce n'est pas : « heureux les simples d'esprit», ou «malin le lynx » ; « joint » n'est pas un *adjectif* pour un TALN qui se respecte ; la production d'expressions par M.K., et la compréhension de ces expressions par un TALN, la possibilité même d'un TALN, dépendent de quelque chose dans les neurones commun à tous les humains, et influant donc aussi sur autre chose que le langage et l'écoute : sur la mémoire humaine, sur le traitement de l'information par l'être humain pensant .
Le principe en est : « la façon dont un opérateur agissant en séquence peut convertir des files de symboles en structures de liste (organisées en arborescence), et des structures de liste en files de symboles »[24]. Ce sont les mêmes programmes informatiques qui conviennent.

---

[24] SIMON H. : *op.cit.* : Le traitement du langage naturel, p 145

À ce jour, aucune réponse du Service Client à la lettre du 25 septembre, et pas de courrier du tout provenant du Service Encaissement ; mais un certain nombre de réponses inadéquates (*non pertinentes*) du Service Client aux très nombreuses demandes d'explications de M.K., être humain qui ne comprend pas pourquoi son chèque n'est pas encaissé ; et des interventions du Régulateur, *totalement non pertinentes* comme on le verra plus loin, en *sortant de la question posée* : elles ressemblent fort aux réponses des soi-disant « amis » du malheureux Job biblique à ses récriminations[25], adressées contre le silence éternel de l'Eternel, mais jamais contre Satan, Grand Ordinateur réputé en son temps plus fort qu'AlphaGo, « 10ème *dan* au jeu de Go », dont les méfaits étaient pourtant évidents, et rapportés avec insistance par M.K., au contraire de Job.

Le Service Client « A », sans répondre à la lettre et sans faire encaisser le chèque de paiement, et l'ayant ou non transmis au Service Encaisseur quelle qu'en ait été la raison, avait transmis automatiquement, au bout d'«un certain temps », copie du Compte Client de MK, faisant apparaître à la dernière ligne un *impayé déclenchant*, à une officine « B » : « Robot Aboyeur », spécialisée en contentieux programmés : pertinence artificielle *sans intelligence de l'existence d'un problème !*

Cette transmission à l'extérieur programmée suffit-elle à expliquer la non-réponse à l'émissaire de cette lettre ? Difficile à croire, après tout le courrier qu'elle a engendré. La seule explication rationnelle apparente à ce niveau est que la G.R.C. a laissé courir *l'intelligence artificielle en place*, et que ses « rouages » n'ont pas repéré qu'il y avait *absence de solution*, puisqu'elle en « voyait » une *présence* : le traitement à effectuer d'un soi-disant *impayé*, en fait inexistant, prématuré, mais *étant*, dans le Compte Client, officiellement pour cause de non-encaissement.

Le Service Client n'a certainement pas envoyé à Robot Aboyeur la lettre de M.K. avec ou sans le chèque contenu, mais seulement la dernière ligne du Compte Client, « entrée » du Robot Aboyeur génératrice à sa « sortie » de menaces diverses. M.K. a envoyé par e-mail copie de sa lettre à l'Aboyeur, mais celui-ci n'étant pas payé pour la lire, n'en a rien fait et s'est contenté d'aboyer.

---

[25] GIRARD R. : *La route antique des hommes pervers*, Grasset, Le livre de Poche, 1985, p.9.

Quant au Service Régulateur, il n'avait encore rien à réguler, si ce n'est le montant contesté par M.K. dans la facture : il n'a pu être informé de cette contestation par la lettre de M.K., dont il n'a manifestement pas eu connaissance, n'étant pas dans son circuit ; mais son *intelligence artificielle* a pu *déduire* directement de la date de la résiliation du contrat : 28 août 2017, qu'elle empêchait le TSF de fournir certains services facturés à fournir en septembre, et a peut-être effectué la déduction requise.

Il se trouve que la somme ainsi calculée pour procéder à cette régulation est égale à la partie de la somme facturée que M.K. refuse de payer, moins la petite somme de 3,43€.

Mais pour le moment Il faudra que M.K., être humain, devine ce qui se passe au Service Client, et trouve une parade.

Le client M.K. ne pouvait pas corriger, en utilisant un autre titre de paiement, une *non-réception* de son chèque, dont le Service Client ignorait l'existence, ou faisait artificiellement comme s'il l'ignorait : il existait peut-être quelque part une *non-intelligence artificielle*, traitant de la même façon que la *corbeille* de l'e-mail, ou que celle du bureau recevant le courrier postal, les messages non détectés, ou non pertinents au contexte de la programmation, ou entérinant par ce biais leur absence d'interprétation par des inférences statistiques de mécontentement en partant des *Big Data* récoltées dans la G.R.C..

En désespoir de cause, M.K. a rencontré son banquier pour débattre d'un moyen de résoudre le problème *sans communication du tout*. Ils ont médité tous deux sur l'aphorisme de feu Henri Queuille, oh combien actuel :

« Il n'est pas de problème dont *une absence de solution* ne finisse par venir à bout »

Ils trouvèrent ensemble un moyen de résoudre le problème *sans communication du tout :* du moins l'ont-ils cru. Expliquons ci-après cette manière de se passer de communication : ça peut toujours servir.

M.K. jette un dernier coup d'oeil à son compte bancaire pour s'assurer que le chèque baladeur n'a toujours pas été débité ; puis à son compte dans l'Espace Client du TSF. Ce dernier fait apparaître après régulation un solde débiteur supérieur au montant du chèque baladeur de 6,40 euros :

soit les 3,43 euros de différence entre la partie de la facture d'aout que M.K. a refusé de payer, et la régulation, plus l'erreur de 2,97 euros commise en réglant le montant de la facture finale de septembre qu'il a mal lue.

Or M.K., pressé d'en finir, veut envoyer, cette fois à la bonne adresse, au Service Encaisseur à Bayeux, un troisième chèque définitif de 6,40€, réglant la différence <u>exacte</u> entre le solde débiteur apparaissant dans son compte client : 77,08€ après régulation, et le montant : 70,68€ du chèque baladeur non encaissé, de manière que ce montant fatidique, *rapporté au tout début de ce livre comme son résumé,* laisse une trace écrite visible dans le compte client ! Le solde débiteur apparent serait alors égal à la somme des deux chèques émis et non encore encaissés.

À ce moment précis, M.K. <u>fait opposition</u> à ces deux chèques circulants, et règle <u>en même temps</u> <u>en ligne</u> le solde débiteur apparent alors dans son compte client, égal par construction à la somme de ces deux chèques : le chèque baladeur, et le dernier réglant le solde débiteur final véritable.

Bref, M.K. tente de se comporter en « Robot Gentil », utilisant la même grammaire que son interlocuteur s'il s'avisait de vouloir parler. Sa propre intelligence est loin d'être infaillible : il a commis aussi des erreurs, qui ont été rapportées fidèlement.

Voyons si ce scenario était susceptible de fonctionner.

Manque de chance : le Service Encaisseur à Bayeux, pas pressé, ou informé tardivement par le Service Client (15/01/2018 : cf p. 92) ne présente à l'encaissement le chèque de 6,40€ réglant le reliquat de dettes que beaucoup plus tard, après l'effacement en ligne de la dette.

Fort embarrassée, la Banque recevant ce chèque aussitôt mis en opposition signale à M.K. une « anomalie »: elle peut difficilement refuser un chèque qui n'a été ni volé ni falsifié, ni même égaré ! M.K. doit lui présenter d'autres raisons d'opposition.
M.K. devra donc lever l'opposition sur ce chèque final, qui est encaissé par le TSF on ne sait où, le compte client de M.K. ayant été fermé, et décaissé par le compte bancaire de M.K.

On se trouve du coup *enfin* dans une situation qui avait été prévue et programmée dans le Service Régulateur, comme étant de celles qu'il considérait comme « normales » selon lui ! Celle d'une dette payée deux fois par un débiteur soi-disant distrait ; paiement pour lequel la procédure précédemment proposée, qui était inapplicable car inadaptée à la situation imprévue d'un chèque baladeur non encaissé, devient enfin opérationnelle !

Quoi qu'il en soit, le Service Régulateur, droit dans ses bottes, fera remplir par M.K. son questionnaire auquel M.K. peut joindre cette fois un relevé bancaire prouvant qu'il a payé deux fois le solde débiteur final. Il ne fait aucun doute que le Service Régulateur, Intelligent Artificiel, Bête Naturel mais Discipliné, finira par trouver et rembourser le créancier véritable selon lui de ce chèque final : à savoir M.K., si c'est encore possible.

Écartons tout de même l'éventualité théorique qu'un Robot Tueur, tapi dans les *Big Data*, ait vu et abattu un soi-disant Robot Gentil M.K., plutôt Robot Emmerdeur par son insistance, et fait en sorte que le chèque final de 6,40€ ne fasse son apparition qu'après le décès de M.K., suivi de la fermeture légale de son compte, qui serait traité alors par le notaire chargé de sa succession en ignorant que ce chèque ne devait pas être payé, mais a été payé par un banquier scrupuleux : d'où une *perte* inexpliquée dans la succession, et un *profit* inexpliqué dans la comptabilité du TSF, qui pourrait certes trouver l'explication en cherchant bien dans le Cloud-qui-n'oublie-rien, mais n'en fera rien. Ce serait une *Fin malheureuse de l'histoire :* nous ne la signalons, malgré son invraisemblance totale, que parce qu'elle a été décrite comme possible, vraisemblable même dans les temps à venir, par les spécialistes de l'Intelligence Artificielle et des *Big Data*, car au fond pas si différente que cela de celle assignée à son M.K. par Franz Kafka il y a un siècle : c'est la raison pour laquelle nous la mentionnons.
Mais on conviendra qu'au lieu de ces complications, il eut été préférable que quelqu'un, qui ne saurait être un automatisme dans l'état actuel de l'IA chez TSF, ait pris la peine de faire détruire les chèques intervenus inopinément, et devenus inutiles dès lors qu'une personne humaine extérieure aurait pris l'initiative de leur faire opposition.

À ce stade, M.K. a donc fini par prendre l'initiative de prévenir la *dircom* de TSF de ce qui se passait, pour la mettre dans le coup, et de prévenir la Banque que le scenario sans communication allait tourner court par inertie du Service Encaisseur : une intervention humaine était désormais inévitable.

Il s'est inspiré à cet égard des trois Lois de la Robotique, énoncées par Isaac Asimov il y a longtemps, retenues par tous, et reprises désormais comme Lois éventuelles de l'Intelligence Artificielle :

Première Loi : Un Robot ne doit jamais blesser un être humain, ni par son inaction, permettre qu'un être humain soit blessé.

Par son inaction, le Service Client a permis l'intrusion de Robot Aboyeur qui a harcelé au téléphone l'être humain M.K. sans raison pertinente ; l'intrusion ne cessera qu'à la suite d'une intervention humaine (de la dircom).

Deuxième Loi : Un Robot doit obéir aux ordres donnés par les êtres humains quoi qu'il arrive et en toutes circonstances, sauf si de tels ordres sont en contradiction avec le première Loi.

M.K. demande une intervention humaine *pertinente* de la *dircom*, pour l'application de la première Loi. Il doit prendre garde à une intervention humaine *non pertinente* de la Banque si elle n'accepte pas la mise en opposition.

Troisième Loi : Un Robot doit maintenir sa survie aussi longtemps que ça ne soit pas en contradiction avec la première ou la deuxième Loi.

M. K. n'entend pas tuer Robot Aboyeur, ni même le traîner en justice! Il demande qu'une intervention humaine non contradictoire avec la deuxième Loi modifie son fonctionnement pour le rendre pertinent, pour le plus grand bien du Robot et de M.K.

Ces Lois pourraient être reprises à l'avenir comme Lois de l'Intelligence Artificielle, sans doute en modifiant la Deuxième s'il s'agit de légiférer des robots qui ne sauraient en aucun cas obéir aux ordres donnés par ces êtres inférieurs : les *humains*, quoi qu'il arrive et en toutes circonstances.

La première Loi serait reprise par l'IA, peut-être, si elle traitait mieux ces êtres inférieurs que ceux-ci n'ont traité leurs propres inférieurs jusqu'à présent.

Fin heureuse de l'histoire : Toutes ces histoires à cause d'un chèque introuvable ! Gregory Bateson en a rappelé de semblables, dont celle citée par M.K. dans la lettre qu'il a fini par envoyer à la dircom, recopiée p. 48.

Mais cela rappelle surtout une histoire : celle mentionnée au début de ce livre, de la comédie d'Eugène Labiche dont les péripéties sont fort ressemblantes à celles du chèque, quasiment homomorphes.

Résumons la pièce succinctement : Tandis que le personnage principal Fadinard, qui va se marier, prépare sa noce, son cheval mange dans la rue le chapeau de paille d'Italie d'une jeune femme, qui lui réclame un chapeau identique. Fadinard en cherche un partout sans succès, suivi de la noce qui ne comprend rien à ce qui se passe et sème des désordres à répétition. À chaque incident inattendu, le futur beau-père Nonancourt crie : « Mon gendre, tout est rompu ! ». Heureusement au milieu du désordre final, Fadinard découvre un chapeau de paille d'Italie parmi les cadeaux de noce, suspendu à un réverbère. La noce peut avoir lieu.

M.K. a enfin été entendu, *par la base de la dircom*, où l'une de ses lettres s'est égarée : cf pp. 46, 47, 48, 49. Une technicienne commerciale apprend par M.K. que TSF est en train de jouer un remake du *Chapeau de paille d'Italie* de Labiche, et en informe sa hiérarchie. Pour cela, il aura fallu qu'un *Deus Ex Machina* (Isaac Asimov) intervienne à temps : *Homo Deus* n'est manifestement pas encore prêt à agir dans ce secteur.

Dans un premier temps, j'ai collecté les lettres écrites par M. K. pour payer par chèque une facture, et les réponses, *totalement non pertinentes*, qu'il a reçues, afin de constituer une sorte *de livre blanc* de cet échange simple, et j'ai rédigé ainsi un modeste ouvrage que je m'apprêtais à publier, après en avoir supprimé les noms propres, les numéros des factures et des chèques, toujours pour respecter l'anonymat : j'ai juste conservé le montant des chèques pour ne pas perdre le fil.

Mais en le relisant pour vérification, je l'ai trouvé fort « ennuyeux ». J'ai donc modifié un peu ou éliminé quelques écrits de M. K. quand il se répétait. En revanche je n'ai pas touché à la rédaction des écrits cités des Services, qui sont leur propriété intellectuelle et au surplus des *data* essentiels pour suivre l'histoire. Comme ils sont assez courts, ils pourraient être considérés comme des *citations*.

Je n'ai pas pu y joindre par manque de moyens les aboiements vocaux que M.K. a reçus par harcèlement téléphonique de Robot Aboyeur.
Et *Je* ne peux décrire la fin de M.K., car *Je* suis la chose nommée M.K.

Je transcris en Annexe ces courriers échangés entre le TSF à Très Haut Débit et un de ses clients : M.K., en supprimant tous les noms propres, adresses et autres données personnelles.

La thèse que je soutiens est qu'au cours de ces échanges je n'ai jamais eu affaire à une personne humaine au TSF, sauf pour en finir à sa dircom, mais à une Organisation Automatisée agissant comme un robot.

Il m'est arrivé d'abord d'exprimer de la mauvaise humeur, de l'impatience, quand je ne l'avais pas encore réalisé ; mais je ne crois pas avoir insulté ou calomnié ces automates : je pense les avoir traités avec le respect dû à des personnages appelés à intervenir de plus en plus comme intermédiaires dans nos communications.

Au moment où je donne ce livre à imprimer, j'ignore toujours pour quelle raison la lettre du 25 septembre 2017 n'a pas reçu de réponse, et ce qu'est devenu le chèque de 70,68€ qu'elle contenait. Mais je commence à soupçonner un scenario possible de ce qui a pu se passer, en analysant à mon tour la manière dont un système de G.R.C. conçoit le traitement d'un tel incident, d'après les descriptions que rapporte Internet.

J'avais essayé de comprendre au cours de ma correspondance : je me suis livré au travail de détective amateur décrit dans les lettres de l'Annexe, pp 85-88 qui n'a pas donné de résultat, mais qui est susceptible d'intéresser des spécialistes de la Robotique, et peut-être l'équipe qui conçoit un Service Client et son système de G.R.C.

Réciproquement, le Service Client de Caen ignore encore le 15 janvier 2018 (cf son mail p.92) qu'à son tour il ne doit pas demander à Bayeux d'encaisser le chèque de 6,40€ qu'il a imprudemment porté au crédit de M.K., car le chèque a été mis en opposition aussitôt émis : stratagème utilisé par M.K. pour pouvoir régler en ligne son solde débiteur en ignorant le chèque de 70,68€ égaré.

Mais je constate que le chèque de 6,40€ n'a pas été encaissé ni crédité, et que le solde du compte de M.K. dans l'Espace Client est bien zéro.

Dans les pays occidentaux, les gens qui paient par chèque se divisent en trois *classes* :

- ceux dont le chéquier s'ouvre de droite à gauche comme un livre occidental, pour être rempli de gauche à droite, le chèque étant détaché à gauche d'une souche latérale ;
- ceux dont le chéquier s'ouvre de bas en haut comme un calendrier, le chèque étant détaché d'une souche supérieure ;
- la classe de tous les autres, s'il en existe, dont une *sous-classe* où le chéquier possède les deux souches : le chèque détaché de la souche latérale mais non de la supérieure constitue une lettre à lui tout seul, la souche supérieure portant l'inscription : « Veuillez trouver ce chèque X en règlement de Y. »

M.K. était membre de cette sous-classe et payait ainsi d'ordinaire une dette par un chèque-lettre sans autre commentaire, envoyé par la Poste, traité par un Service Encaisseur doté du même équipement qu'une banque. Mais cette fois il y avait un commentaire !

Si son chèque était présenté manuellement à un robot récepteur de chèques dans une banque, la souche supérieure l'aurait empêché d'introduire le chèque, lequel aurait aussi été refoulé s'il était fripé, ou présenté à l'envers, ou illisible.

Envoyé par la Poste au Service Client à son adresse à Caen, daté du 25 septembre 2017, avant une recherche du chèque lui-même, il aurait fait au préalable l'objet d'une lecture par la G.R.C. d'une lettre donnant matière à commenter, à analyser au Traitement Automatique de Langage Naturel (TALN).

Mais la lettre était étalée sur presque toute la page ; la place manquant alors pour agrafer le chèque en dessous, il fut agrafé sur *une deuxième page*, non numérotée comme la première, dont la présence a pu échapper au système de G.R.C.: la première formant un tout cohérent d'une seule page signature comprise, annonçait qu' «il y avait un chèque », interprété par le TALN comme : « il y allait y avoir un chèque », puisqu'absent au moment de la lecture et non repéré si l'on en juge par la suite donnée par le Service Client .

Tous les e-mails reçus par M.K. au bout de 50 jours, en réponse à ses lettres postales demandant pourquoi le chèque de 70,68€ envoyé le 25/09/2017 n'était pas encaissé par le TSF étaient du modèle suivant :

« ...**OBJET : Réponse à votre courrier du JJ/MM/ 2017.....** Par votre courrier du JJ/MM/ 2017, vous nous faites part de votre mécontentement concernant le suivi de votre règlement... *Après analyse de votre dossier, j'ai constaté que votre règlement d'un montant de 70,68 euros auquel vous faites référence n'est pas encore reçu* » ... ».

Seule la lettre du 25/09/2017 n'a pas reçu de réponse, bien qu'elle ait fait l'objet comme toutes les autres d'un accusé dé réception n° PCO***********. Or c'est celle-là qui contenait le chèque.

M.K. ne connaît pas le système de G.R.C. dont se sert le TSF, et ce qu'il croit deviner est peut-être erroné ; mais il a entendu dire qu'une entreprise ayant des millions de clients peut accéder à des *Big Data* pour construire des inférences statistiques sur les raisons de mécontentement des usagers d'un Service Client « *après analyse du dossier* ».

Il est vrai que M.K. a manifesté du mécontentement, pour avoir été facturé d'un bouquet à Madagascar : il a résilié son contrat. La seule incidence pour le système de gestion G.R.C. était de ne plus le classer dans sa version BtoC, puisqu'il n'était plus un C.

Il avait été repéré comme tel par le Service Régulateur qui avait procédé à une régulation. Il a donc continué à être suivi pendant deux mois, sans qu'à aucun moment on ait pris en compte la nature complètement différente de la réclamation nouvelle qu'il formulait.

Sa réclamation avait pour objet de signaler au Service Client une *anomalie* que celui-ci n'avait pas repérée : ce Service n'encaissait pas un chèque émis à l'ordre de TSF qui lui avait été envoyé dans une lettre dont il avait accusé réception, et prétendait qu'il n'avait *pas encore reçu* ce chèque : donc il y avait erreur ou défaut de communication.

À aucun moment on ne cherchait son chèque à l'endroit où M.K. se tuait à répéter qu'il était. On jouait sans le savoir un remake de la comédie de Labiche : « *Un chapeau de paille d'Italie* ». Le mystère du chapeau de paille d'Italie est resté entier jusqu'au bout, G.R.C. ou pas !

M.K était classé *mécontent* : le mot mécontentement est dans tous les e-mails, mais pas la chose, nommée « suivi de règlement », ou « gêne occasionnée ».

Une explication avancée serait que le Service Client ait bien *regardé*, et *vu* que la lettre contenait un chèque et l'ait donc transmise à Bayeux, qui n'a pas vu le chèque, et qui ne répond pas : comme l'œil de Cadet Rousselle qui *regarde* à Caen, et celui qui *voit* à Bayeux.

Bayeux a pu ne pas voir le chèque parce qu'il était agrafé à la page 2, dont le système de lecture de chèques a ignoré l'existence, les pages n'étant pas numérotées et au surplus agrafées l'une à l'autre. La lecture de la première se terminant par une signature de l'expéditeur ne donnait pas au TALN à « penser » qu'il y en avait une deuxième, peut-être un peu collée dessous, donc échappant à la lecture optique. Mais si Caen a regardé le chèque ou en a été informé par les lettres de M.K., le Service Client alerté par les courriers du client l'aurait signalé à Bayeux, pour qu'il réexamine la lettre à 2 pages, si elle n'avait pas été broyée entre temps !

Dans ce cas il aurait bien fallu que le Service Client réponde au client que le chèque était perdu, *ce qu'il n'a fait à aucun moment* ; et si Caen n'a pas regardé ni vu de chèque, pourquoi n'a-t-il pas répondu au courrier du 25 septembre 2017 ou aux nombreux suivants qu'il ne voyait pas de chèque de 70,68€, avec ou sans le secours de TALN ?

Cette piste n'est donc pas compatible avec l'existence d'un système de lecture optique des chèques dont l'efficacité est reconnue.

Le Service Client a-t-il pu comprendre dès la première lecture « qu'il allait y avoir un chèque », ne pas chercher plus loin, ne pas transmettre ce courrier au Service Encaissement, et conserver par conséquent la lettre et le chèque en page 2 en ignorant son existence, le tout sans répondre ? C'est impossible : tous les arguments énumérés ici ont été dits et répétés dans les lettres envoyées par M.K. au TSF, dont un grand nombre est reproduit dans l'Annexe. Au surplus une *copie de la lettre* du 25/05/2017 a été envoyée au Service Client le 29/11/2017 (cf pp.73-74) pour confirmer l'information.

M.K. ne voit plus qu'une dernière éventualité : le Service Client ou plutôt son lecteur de courrier, a reçu la lettre, a ouvert l'enveloppe, a lu la page 1 non numérotée jusqu'à sa signature, et a dégrafé cette page 1 de la page 2 non numérotée qu'il a jetée avec l'enveloppe ; ou bien il a conservé les deux pages agrafées sans les séparer, de telle sorte que le TALN n'a analysé que la page 1 et ignoré la page 2 et le chèque, aussi longtemps qu'un être humain ne sera pas venu la retirer.

M.K. a bien envoyé le 20/11/2017 une copie de cette première page, mais il n'y a pas ajouté une copie de la deuxième page blanche sur laquelle il n'aurait de toute façon pas pu agrafer une copie du chèque, puisqu'il n'en disposait plus.

Si l'on récapitule les « faits têtus » avérés :

- M.K. dit et répète qu'il a envoyé une lettre contenant un chèque de 70,68€.

- Service Client dit qu'il a reçu la lettre. Il dit et répète que M. K. dit qu'il a envoyé un chèque, qu'il va envoyer un chèque : ce qui *n'est pas* ! Il dit et répète qu'il n'a *pas encore* reçu ce chèque qui « sera » envoyé.
Son TALN *a lu* que M.K. a écrit : « *ci-joint* un chèque » ; il n' a pas saisi le sens de : *ci-joint* ; il n'en a pas déduit : » le chèque est dans la lettre ».
L'aurait-il fait si M.K. avait écrit cela, comme dans l'exemple classique : « le chat est sur le paillasson » ?

- Service Encaisseur ne dit rien.

- Service Régulateur dit que M.K. dit qu'il a envoyé un chèque. Son TALN en déduit que M.K. dit qu'il a payé par chèque 70,68 €. Il en déduit sans preuve que ce chèque *a été encaissé* : son TALN considère cela comme une évidence ne réclamant pas de preuve.

Il demande à M.K. copie de son compte bancaire « prouvant » *qu'il a payé* par chèque émis à l'ordre de TSF la somme de 70,68€, ce qui est *vrai*. Mais le chèque *n'a pas été encaissé* : le TALN est-il capable d'analyser cela ?

« Cela me rappelle une histoire », rapportée par Anatole France, à propos des *opinions communes*, qui passent sans examen (il visait la croyance commune à *l'immortalité de l'âme*, partagée sans preuve par la ménagère Madame Péchin, et après une tentative de preuve par Socrate[26]), auxquelles un philosophe aussi éminent qu'Héraclite croyait : l'histoire d'un

---

[26] KADOSCH M. : *Avatars de la vérité*, op. cit. pp. 22-24.

amateur de spectacles qui passa sans s'arrêter pendant vingt ans devant le contrôleur d'entrée à la Comédie Française en lançant au passage : « Feu Scribe » : une identité qui n'aurait résisté à aucun contrôle, mais qui n'a jamais été contrôlée[27].

Cette histoire, qui relie des faits, des personnages et des événements A et B tels que : Non-Réponse et Questions ; Expérience et Raison ; Services de TSF et Client M.K. ; souvent mais pas toujours pertinents, est en outre une histoire *réellement arrivée*. Pour autant, est-elle *vraie*[28] ?

Qu'est-ce que *la vérité* ? Le dévoilement d'un monde nouveau qui aime à se cacher, à la CNIL près, qui exige quelques modifications de noms? L'adéquation, autre nom d'une pertinence, entre une expérience A et une raison B ? Ce que l'Intelligence Artificielle sait exprimer sous forme de prédicats logiques, et réussit à penser mieux que l'intelligence humaine si l'homme y met le prix ? Ou ce que Homo Faber a réussi à faire assez souvent, *sans penser*, avec ses mains, parfois plus compliqué que ce que sait faire un robot ?

On n'a pas fini d'en débattre. Mais cette *vérité*, en a-t-On *vraiment* (?) besoin pour faire des robots ? Les robots en ont-ils *vraiment* (?) besoin pour obéir à leurs Lois ? Ces Lois qui n'en parlent *nulle part* : opposer du vrai à du faux, ce n'est pas leur truc, qui est de manipuler des variables de commande d'une machine dans un environnement externe couvrant tous les évènements susceptibles de surgir.

On a assisté ici à une représentation non opérationnelle des échanges entre fournisseur et client dans l'environnement externe. Les paramètres représentatifs des actions des clients ne couvraient pas tous les évènements possibles, La machine supposée à IA a raconté une histoire non pertinente.

---

[27] FRANCE A. : *L'anneau d'améthyste*, VIII.
[28] KADOSCH M. : *Avatars de la vérité, passim.*

44

ANNEXE :

Courriers échangés entre MK et TSF sur l'histoire :

40 de MK, dont *21 retenus pertinents* et sans répétition notable
33 réponses de TSF *dont 15 retenues pertinentes*

Classement :

DEMANDE D'INTERVENTION D'UN DEUS EX MACHINA

COURRIERS À L'ORIGINE DU PROBLÈME

AUTRES COURRIERS ÉCHANGÉS.

DEMANDE D'INTERVENTION D'UN DEUS EX MACHINA

M.K.   **7 décembre 2017**

à : **Direction de la Communication de TSF.** *Service Commercial*

Bonjour Madame,

Vous m'avez téléphoné ce matin pour me dire que vous avez reçu la lettre que j'ai envoyée à la Direction de la Communication *le 30/11/2017*.

C'était <u>*une deuxième lettre*</u>*, faisant suite à une première envoyée le 26/11/2017, dont je vous envoie copie ci-après.*

J'y sollicitais une intervention de la part de votre « Dircom ».

Elle concerne un défaut de communication fâcheux survenu entre votre Service Client et moi-même, qui a engendré une débauche de correspondance sans résultat, faute d'intervention d'un être humain.

Le résultat est un chèque à l'ordre de TSF n° ******* de 70,68€ qui se balade quelque part dans les tiroirs de TSF on ne sait où, tandis que mon compte Client affiche un solde débiteur de 77,08€.

Je vous remercie d'être intervenue, quoique dans un dernier soubresaut le diable responsable de ce gâchis ait encore trouvé le moyen d'empêcher cette lettre du 26/11 de vous parvenir d'abord !

Dans l'intervalle, j'ai rencontré ma banque, et nous avons trouvé ensemble un moyen de résoudre le problème *sans communication du tout*.

J'ai envoyé à votre Service Encaissement à Bayeux un chèque de : 77,08-70,68 = 6,40€ dont j'espère bien qu'il sera encaissé dans les jours qui viennent. Mon solde débiteur deviendra alors : 70,68€. Je regarderai mon compte bancaire pour m'assurer que le chèque baladeur n° ******* de ce montant ne m'a toujours pas été débité, et si c'est le cas je ferai aussitôt opposition à ce chèque tout en vous réglant simultanément la même somme en ligne pour annuler mon solde débiteur

46

à : **Direction de la Communication de TSF**

Objet : - Signalement d'un défaut de communication et ses conséquences

Monsieur le Directeur de la Communication,

Je sollicite votre concours pour m'aider à résoudre un problème de communication qui devient urgent : il crée un désordre fâcheux dans votre Service Client, et m'empêche de régler mes comptes à TSF.

Il ne s'agit pas d'une réclamation ni d'une recherche de sa solution amiable, mais d'une entrave à la communication qui empêche le règlement de mon compte client à TSF par les moyens énumérés dans votre Espace Client. Quelques précisions sont nécessaires :

J'ai été client de TSF pendant 20 ans ; j'ai reçu le 20 aout 2017 une facture pour services à venir en septembre, dont les conséquences m'ont amené à résilier mon contrat fin aout 2017 : je n'ai pas digéré la facturation d'un bouquet « Madagascar» que je n'ai jamais commandé. J'ai pris bonne note des explications reçues tardivement de TSF et n'entends pas les contester, mais j'ai arrêté le règlement des factures par prélèvement automatique sur mon compte bancaire.

J'ai donc réglé la facture du 20/08/2017 mentionnée ci-dessus par un chèque, agrafé à une lettre datée du 25/09/2017 dont ce Service Client Automatisé m'a accusé réception automatiquement le 27/09/2017, *et dont je vous adresse ci-joint copie car elle est l'objet du défaut de communication signalé.*

Le Service Client Automatisé n'y a pas encore répondu, plus de deux mois après ! et la suite me donne à penser que cet automate ne me répondra jamais, s'il ne se présente aucune intervention extérieure humaine susceptible de corriger le « bug » de l'automatisme qui l'empêche de répondre : il n'encaisse pas le chèque joint à la lettre, constate automatiquement de ce fait que la facture est impayée, et en tire les conséquences plutôt dramatiques, programmées dans le Service Client Automatisé, que je peux lire dans les courriers que je reçois, et auxquels je ne peux répondre que par courrier postal, le téléphone se révélant incompétent et aucun autre moyen de communication n'étant disponible.

J'ai eu la curiosité de jouer à fond ce jeu bien qu'il m'en coûte en timbres et temps perdu beaucoup plus que la somme réclamée. Mais il y a un chèque de 70€ qui se balade dans la nature, *nous jouons à notre façon une imitation de la pièce :* « *Un chapeau de paille d'Italie* » d'Eugène Labiche, et je souhaite mettre fin à cette comédie : merci d'avance de votre intervention si vous en avez le pouvoir.

Je vous prie d'agréer mes salutations distinguées.

Je joins quelques pièces pour votre information de ce défaut, et de ses origines.

M.K.   **30/11/2017**
à : **Direction de la Communication de TSF**

Objet : Défaut de communication avec Service Régulateur
faisant suite à défaut de communication avec Service Client

Je vous ai signalé le 26/11/2017 un défaut de communication avec le *Service Client Automatisé*, et j'ai cité à votre intention Gregory Bateson[29] qui écrit ceci : « *Dans le monde de la communication, rien, c'est à dire ce qui n'existe pas, peut être une cause : ainsi la lettre que vous n'écrivez pas, par exemple à votre percepteur qui vous demande de payer un impôt, peut déclencher des reproches, donc une dépense d'énergie considérable de votre percepteur, qu'il puise dans ce qu'il a mangé, son métabolisme, sûrement pas dans une lettre qui n'a jamais existé* ».

De même en sens inverse, j'ai envoyé *le 25/09/2017* à mon *Service Client* une lettre contenant un chèque de règlement de sa facture du *20/08/2017* : plus de deux mois après, ce Service Client n'a toujours pas envoyé de réponse, et traite ensuite ma lettre et le chèque comme s'ils n'existaient pas non plus !

J'ai écrit plus de 20 lettres à TSF, qui répètent toutes cette même litanie : «À ce jour, mon compte débiteur est à 77,08€. Vous avez un chèque de 70,68€, et je ne fais aucune difficulté pour régler le solde (6,40€) dès que vous l'aurez encaissé. La balle est dans votre camp. »

Par défaut de communication, j'entends que le Service Client Automatisé n'est pas capable de traiter mon Espace Client, parce qu'il n'est pas programmé pour résoudre la situation qui se présente, qui réclame une communication humaine pour cela : il croit (ou fait semblant de croire) que j'annonce que je vais envoyer un chèque, alors que j'ai vraiment envoyé un chèque, et écrit : « ci-joint mon chèque » : joint dans la lettre elle-même ! J'ai donc sollicité l'intervention du Directeur de la Communication.

Je me suis tourné aussi vers le *Service Régulateur*, qui était déjà intervenu le 26/10/2017, et j'ai rencontré la même incompréhension, probablement pour la même raison : il m'avait fait remplir un questionnaire qui ne pourrait lui parvenir que si j'y joignais obligatoirement copie de mon compte bancaire prouvant que j'ai payé la facture de TSF, alors que je me plaignais de ce que j'ai envoyé un chèque de règlement dans une lettre du

---

[29]BATESON G, *Vers une écologie de l'esprit*, Seuil, II, p.209.

48

25/09/ 2017, à laquelle le Service Client s'obstinait à ne pas répondre depuis deux mois et plus ; lettre qui contenait le chèque, qui n'a donc pas été encaissé à la Banque et ne pouvait figurer sur mon compte bancaire : s'il y figurait, le problème n'existerait pas !

J'ai donc écrit ce même 26/11/2017 comme à vous, au *Service Régulateur* une lettre à laquelle j'ai joint son questionnaire à nouveau dûment rempli, avec un texte expliquant que je ne pouvais pas joindre aussi la copie de mon compte bancaire montrant le paiement de la facture par mon chèque n° *******, étant donné ce chèque *était chez le Service Client, non encaissé*, mais que j'espérais que le Service Régulateur recevrait quand même le questionnaire.

Or je reçois aujourd'hui 30/11/2017 sa réponse *de copie ci-jointe*, qui montre que votre Service Régulateur ne fonctionne pas plus que votre Service Client. Sans copie du compte bancaire, il ne fonctionne pas !

Dans mon courrier précédent, je me suis permis de comparer le sort de ce chèque à celui du *chapeau de paille d'Italie mangé par le cheval* et cherché désespérément par le héros de la pièce d'Eugène Labiche, qui en a besoin pour pouvoir se marier. Le problème est le cheval, qui ne dit pas qu'il a mangé le chapeau : parce qu'il est un cheval. La solution est évidemment que quelqu'un non chevalin intervienne, et dise que le chapeau a été mangé, pour qu'on en cherche un autre et qu'on l'achète.

Je me heurte à un mur. Il faudra bien que ça finisse par s'arrêter, d'une manière ou d'une autre : j'en ai évoqué une dans la lettre que je vous ai envoyée le 26/11/2017, qui attend votre réponse.

Je vous prie d'agréer mes salutations distinguées

30 novembre 2017
TSF
VOTRE SERVICE RÉGULATEUR
VOUS INFORME

COPIE :

OBJET : Recherche de réglement.

Cher M. K.,

Par votre courrier du 29 novembre 2017, vous nous faites part de votre mécontentement concernant votre règlement. Je comprends la gêne occasionnée par cette situation.

Après analyse de votre dossier, j'ai constaté que votre règlement d'un montant de 70,68 euros auquel vous faites référence n'est pas encore reçu.

Le dernier chèque reçu par nos services était celui d'un montant de 53,36 euros TTC, celui-ci a été encaissé en date du 17 octobre 2017.

Afin d'effectuer les vérifications nécessaires, je vous invite à nous envoyer *une copie complète du relevé de compte bancaire mentionnant la ligne du débit de la somme concernée*

À réception et après étude, nous reprendrons contact avec vous afin de confirmer la bonne réception de votre règlement.

Quelques informations utiles : Vous pouvez visualiser et suivre l'ensemble des règlements de vos dernières factures directement sur internet, grâce à votre Espace Client.

ORIGINE DU PROBLÈME

4 février 2016
TSF   Suivre ma commande

N° commande : **********
N° de ligne : **********

Bonjour M. K.,

Voici le récapitulatif de votre commande :

Fibre Très Haut Débit	48,99/mois
Remise exceptionnelle de 11€/mois pendant un an	-11€/mois
Appels illimité vers les mobiles	inclus
Appels illimités vers les lignes fixes	inclus
VOD illimité	inclus
TV sur application smartphone, tablette, PC	inclus
Cloud 100Go	inclus
Disque dur	inclus
Carte à puce	inclus
Box TV de TSF	3,00€/mois
Conserver le numéro	inclus
Abonnement avec engagement 12 mois	inclus
Bouquet Téléspectacle engagement 12 mois	inclus

Total mensuel :   40,99€ puis 51,99€/mois TTC

Services et accessoires   :
Installation par le technicien   inclus

Dépôt de garantie sur votre prochaine facture :   75,00€/TTC

20/08/2017
VOTRE SERVICE CLIENT
Votre ligne :
****

Votre référence client :
.**********

Bonjour M.K.,

Facture
du 20/08/2017

Prestations facturées pour vos lignes
Les abonnements et forfaits sont facturés pour le mois à venir, sauf chaines TV. Le montant des communications téléphoniques hors forfait est calculé depuis votre dernière facture.
Sommes facturées par votre opérateur EUR T.T.C.

Abonnements, forfaits et options	**86,45**
Abonnements et forfaits	30,97
Options TV	52,48(!)
Location box TV	3,00
Vos communications téléphoniques	**5,68**
Vos autres produits et services	**7,98**

Montant de cette facture :

	EUR H.T.	T.V.A	EURT.T.C.
Total facturé :	88,24	11,87	100,11

Total du montant prélevé le 29/08/2017   **100,11**

M.K.   **28 août 2017**

Service Client TSF
TSA*****
14000 **Caen** Cedex

Objet : Résiliation de mon contrat n°*********.

J'invoque mon droit à résilier mon contrat n° ********* sans être soumis à de quelconques pénalités de résiliation, et sans droit à dédommagement.

Ma demande de résiliation devra être prise en compte par vos services dans les 10 jours suivant la réception de ce courrier, conformément à l'article L121-84-2 du Code de la consommation.

Je vous remercie de m'envoyer en retour un courrier me confirmant le terme de mon contrat.

Comme prévu par l'article 2004 du Code Civil, je vous informe également de la révocation de l'autorisation de prélèvement automatique. Veuillez donc m'envoyer une facture de clôture de compte et une confirmation écrite m'indiquant la date effective de résiliation, ainsi que les documents me permettant le retour de vos équipements.

Après réception de votre facture et vérification, je vous réglerai les montants dus éventuels avec le moyen de paiement de mon choix.

Je vous prie de supprimer de vos fichiers toute information relative à mes coordonnées postales et bancaires. En particulier je m'oppose à toute utilisation de mes coordonnées personnelles à des fins commerciales, en vertu de la loi Informatique et Libertés du 6 janvier 1978 : ci-joint copie de ma pièce d'identité pour exercice de mes droits à cet effet.

Paris, le 13/09/2017
VOTRE SERVICE CLIENT

Votre ligne :**********
Votre contrat :**********

Facture du 20/08/2017
Montant impayé : 100,11€TTC

OBJET : LETTRE DE REJET- MISE EN DEMEURE

Cher M.K.,
Conformément à votre demande, nous avons procédé à la résiliation de vos services. Par ailleurs, nous constatons que votre règlement a été rejeté par votre banque.

Nous vous mettons en demeure de régler cette créance sous 10 jours, échéance à laquelle nous procéderons au recouvrement de la dette par voie judiciaire. Vous pouvez effectuer votre paiement :
 - Par carte bancaire au **********.(Service & appels gratuits)
 - Par chèque à l'ordre de TSF à l'attention de :
 TSF TSA ***** 14400 BAYEUX CEDEX
-     En allant dans un bureau de poste muni du coupon ci-dessous incluant le code barre

Cordialement

M.K.   25/09/2017
Service Client TSF
TSA*****
14000 **Caen** Cedex

Objet : examen de vos factures

Je rappelle vous avoir commandé un abonnement à Fibre THD de 51,99€ par mois équipement compris: réduit à 40,99€ par mois pendant les 12 premiers mois (*jusqu'à la facture du 20/01/2017 pour février 2017*) : abonnement où le bouquet Téléspectacle TV est inclus avec engagement 12 mois ; je dois donc comprendre qu'après 12 mois il faut ajouter le bouquet Téléspectacle moins sa remise éventuelle pour le montant indiqué dans l'Annexe.

Votre Annexe jointe à la facture est le reflet de la manière dont TSF comptabilise ses prestations : comme les clients de la Télévision se comptent par millions, vous ne pouvez probablement pas faire autrement. Elle vous conduit à énumérer des options et remises retenues pour construire à l'aide de leur seul montant une somme correspondant à peu près aux engagements contractuels pour les prestations du mois à venir : mais somme augmentée aussi d'autres options auxquelles je n'ai jamais souscrit (*excepté le bouquet Téléspectacle inclus dans la commande*), et quelques services ponctuels, que je ne dois donc en aucune façon à TSF.

Concernant votre dernière facture du 20/08/2017 pour les prestations à venir en septembre, à laquelle je maintiens mon opposition , comme j'ai résilié mon contrat le 28 Aout, et que j'ai fait retirer votre matériel pour vous le retourner le 4 septembre, je ne sais pas si je dois ou non l'abonnement de septembre : je vous paie donc sous réserve : 52,98 (abonnement)+4,04(bouquet Téléspectacle moins remise)+5,68 (téléphone)+ 7,98(services VOD, bien que je ne vois pas du tout ce que c'est) = 70,68 euros. **J'ai donc rejeté des montants que je ne dois certainement pas (29,43€), et je vous règle par le chèque ci-joint la somme restante : 70,68 euros,** qui comprend l'abonnement de septembre, en vous demandant de régulariser dans la facture finale.

(Annonce non jointe à la lettre : chèque n°******** agrafé par la souche supérieure à une page 2 non numérotée)

ÉCHANGE DE COURRIERS SUR LE PROBLÈME

M.K.   13/10/2017

Service Client TSF
TSA *****
14000 **Caen** Cedex

Objet : Recherche de chèques

Monsieur le Directeur de la Relation Client,

Je ne peux malheureusement pas m'adresser à vous par l'espace client TSF, les questions posées ne s'y prêtant pas, étant hors normes. Je n'ai même pas votre numéro de téléphone. J'attends votre réponse à mes différentes lettres postales, mais cette fois *il y a une urgence !*

J'ai agrafé par la souche un chèque de règlement à deux de mes lettres : le 22 Septembre, et le 8 Octobre.
Ces chèques à l'ordre de TSF n'ont pas été encaissés à ce jour.
Je vous prie donc de bien vouloir reprendre ces lettres et rechercher les chèques agrafés. Veuillez m'informer le plus vite possible de ce qu'ils sont devenus. Je vous en remercie d'avance. Il semble que cela soit à l'origine d'un quiproquo en cours avec votre service de recouvrement d'impayés. Je vous envoie copie des e-mails échangés à ce propos, qui décrivent l'incident.

Dans cette attente, recevez mes salutations

M.K   17 /10/ 2017

Service Encaissement TSF
TSA *****
14400 **Bayeux Cedex**

Objet: Contrat **********

Monsieur le Directeur du Service Encaissement,

Il m'est demandé de vous envoyer un chèque de règlement de deux factures, dont vous trouverez les coordonnées dans le dossier ci-joint, qui expose cette affaire embrouillée.

J'ai envoyé non pas un, mais deux chèques au Service Client de Caen qui m'a envoyé ces factures :

Celle du 20/08/2017 payée par chèque de 70,68€ à l'ordre de TSF le 22 septembre 2017

Celle du 20/09/2017 payée par chèque de 53,33€ à l'ordre de TSF le 8 octobre 2017.

Caen n'a jusqu'à présent répondu à aucune des nombreuses lettres que je lu ai adressées, *et n'a pas présenté à l'encaissement ces deux chèques*, créant ainsi artificiellement des « impayés » qui me sont imputés !

Il y a donc actuellement deux chèques qui se baladent dans la nature, établis à l'ordre de TSF.

Je devrais en principe vous demander de contacter le Service Client de Caen pour les récupérer: s'ils sont encaissés, je reste devoir 32,40 € que je réglerai sans tarder.

Je vous adresse donc ci-joint un dossier de courriers expliquant l'affaire, et j'attends de savoir ce que vous ferez.

Si dans les jours prochains ces chèques n'ont pas été retrouvés et traités d'une manière ou d'une autre, je réglerai en ligne le tout pour clore l'affaire, au plus tard dans 8 jours.

Je vous présente mes salutations

M.K.   20/10/2017

Service *Encaissement*
TSA *****
14400 **Bayeux** Cedex

Objet: Contrat n° *********

Monsieur le Directeur du Service Encaissement,

Faisant suite à ma lettre du 17 Octobre :

C'est seulement aujourd'hui, tout à fait par hasard, que je redécouvre cette lettre de mise en demeure concernant la facture du 20/08/2017, envoyée le 13/09/2017 alors que j'étais absent en vacances, après avoir résilié mon contrat d'abonnement TSF.

Vraiment pas évident, le moins qu'on puisse dire !! : Mon correspondant de Caen me demande de payer par chèque *à une adresse au dos* : alors *qu''il y avait son adresse au haut de sa mise en demeure*, à laquelle j'avais envoyé 5 lettres, pas moins, *dont une annonçant que je payais la facture du 20/08/2017 par un chèque de 70,68€ joint à la lettre, le 22/09*, qui doit être forcément quelque part dans son bureau ou son secrétariat .

Je reçois *enfin aujourd'hui* 20/10/2017 un e-mail répondant à ma première lettre du 28/08/2017 : *53 jours*, si je compte bien ! A ce compte je devrais recevoir un e-mail m'annonçant qu'on a enfin retrouvé mon chèque de 70,68 € agrafé à ma lettre du 22/09/2017, autour du 15/11/2017 !*

Je ne suis plus client de TSF. Je dois à TSF 32,40€,_ que j'ai hâte de lui payer en ligne pour en finir, mais *je ne peux pas* : je ne peux payer en ligne dans l'Espace Client que le solde de mon compte, qui ne tient aucun compte de ce chèque de 70,68€ non présenté à l'encaissement : je suis donc aujourd'hui sommé de payer en ligne 32,40+70,68€, ce que je refuse de faire bien entendu, car je n'aurai ensuite aucune preuve à présenter prouvant que j'ai été débité deux fois de la somme de 70,68€ en demandant à TSF de me rembourser le trop payé, dont aucune trace ne sera trouvée chez Espace Client avant un bon mois si on continue à cette allure, et peut-être jamais si TSF se désintéresse de mon compte. .

J'ai quand même regardé *au dos* : j'ai seulement vu Roscoff /l'équipement, pas Bayeux/ le chèque, c'est ainsi.

* (NDLR: évaluation très optimiste de l'infini !)

22 Octobre 2017
VOTRE SERVICE CLIENT
VOUS INFORME :

Votre ligne : **********
Votre contrat :**********

Cher M. K.,

Par courrier du 03/10/2017, vous nous faites part de votre mécontentement concernant le suivi de votre règlement, l'envoi des factures de 2016, et le dépôt de garantie de 75 euros TTC.

Tout d'abord, nous vous remercions de votre compréhension suite au retard pris dans le traitement de votre dossier.Nous avons bien reçu votre demande de duplicata de facture.Afin de télécharger vos factures récapitulatives et détaillées, nous vous invitons à vous rendre sur votre Espace Client. Vous avez accès à vos 12 dernières factures.

Si vous désirez toujours recevoir un duplicata en format papier, l'envoi vous sera facturé à 7,50 euros TTC par facture. Le délai de réception est de 5 jours ouvrés environ auquel s'ajoutent les délais postaux.Nous vous invitons à nous recontacter via l'assistance TSF : afin de nous confirmer votre accord.Par ailleurs, nous vous confirmons la prise en compte d'une régularisation de 25.96 euros TTC, ce montant sera déduit de l'impayé présent à ce jour sur votre compte qui est de 103.08 euros TTC.

Nous vous informons que le chèque de 53,33 euros TTC, a été encaissé le 17/10/2017.

Nous vous informons également que nous n'avons pas encore reçu votre chèque de 70.68 euros TTC.

Enfin, nous vous confirmons que votre dépôt de garantie de 75 ne peut être versé sur votre compte bancaire en vu que votre compte présente un impayé.

M.K.   **22 /10/ 2017**

Service client TSF
TSA *****
14000 **Caen** Cedex

Objets: Contrat n° **********

Bonjour,

je vous ai envoyé hier une lettre urgente. Je vous remercie vivement de votre e-mail de ce jour, auquel j'ai essayé en vain de répondre à l'endroit que vous m'indiquez. Obligé une fois de plus de répondre par la Poste.

Problèmes de communication graves, graves : Je reçois à l'instant votre : « Réponse à votre courrier du 03/10/2017 ». J'en ai reçu une autre il y a 3 jours à laquelle je n'ai pas pu répondre : elles étaient « no-reply » : j'ai répondu quand même, ma réponse a été refoulée par le webmaster.

Je vous ai envoyé *de très nombreuses lettres* : c'est la première fois que je reçois une réponse qui m'invite à vous recontacter via l'assistance, que je connais bien, mais elle commence par me dire : ne m'appelez pas si c'est pour autre chose que le contrat **********, qui est celui à propos duquel j'appelle !!!. J'ai donc cru jusqu'à aujourd'hui que ne pouvais vous contacter pour ce contrat que par la Poste, où je vous ai envoyé une demi-douzaine de lettres auxquelles vous répondez au compte-gouttes..

J'apprends enfin que vous me demandez de m'identifier pour une réponse personnalisée : ce n'est pas trop tôt !! Hélàs: la suite est la même, l'assistance me renvoie au contenu de l'espace client dont je n'ai rien à faire.

Je me permets de vous suggérer de revoir la rédaction de votre rubrique : « Contacter le Service Client TSF », qui en a bien besoin : il est absolument impossible de contacter le service client pour une réponse personnalisée.

Je dois également vous conseiller de revoir très sérieusement la

60

rédaction de votre rubrique : CLIENTS TSF : COMMENT RÉGLER VOTRE FACTURE. Dans la rubrique en question, vous dites que vous acceptez le paiement par chèque, mais *vous ne précisez pas où* : je l'ai envoyé à celui qui m'a présenté la facture : à Caen. Je viens d'apprendre que vous le cherchez à Bayeux, alors qu'il est presque sûrement dans votre tiroir !

Je vous renvoie à ma lettre du 20 Octobre.

Il vous reste à me rembourser mon dépôt de garantie de 75€ pour l'équipement retourné : je vous en remercie par avance.

26 octobre 2017
VOTRE SERVICE RÉGULATEUR
VOUS INFORME

Votre ligne : **********
Votre contrat : **********

OBJET : Réponse à votre courrier du 24 octobre 2017

Cher M. K.,

Par courrier reçu le 24 octobre 2017, vous nous faites part de votre mécontentement concernant le suivi de votre règlement et vous demandez le remboursement du dépôt de garantie.Je comprends la situation.

Après analyse de votre dossier, j'ai constaté que votre règlement d'un montant de 70,68 euros auquel vous faites référence n'est pas encore reçu.

Afin d'effectuer les vérifications nécessaires, *je vous invite à nous envoyer une copie complète du relevé de compte bancaire mentionnant la ligne du débit de la somme concernée.*À réception et après étude, vous serez contacté afin de confirmer la bonne réception de votre règlement.

Par ailleurs, *je vous invite à contacter votre banque afin de faire opposition à ce chèque, dans le cas où celui-ci, n'est pas encore débité. En suite, vous procédez au paiement de l'ensemble de votre impayé par un autre moyen.*

D'autre part, je vous informe qu'afin de bénéficier du remboursement des frais de dépôt de garantie, il est nécessaire de n'avoir aucune facture en attente de paiement. À cet effet, je vous invite à renouveler votre demande après le paiement de l'ensemble de vos factures en attente de paiement.

M.K.   28 /10/ 2017

Service client TSF
TSA *****
14000 **Caen** Cedex

Objets: Contrat n° **********
Ma lettre du 25/09/2017
Monsieur le Directeur de la Relation Client,

Je reçois par e-mail qui n'accepte pas de réponse   un accusé de réception de toutes les lettres que je vous envoie : je vous en remercie et vous réponds par la Poste, ne pouvant pas faire autrement, votre e-mail n'acceptant pas de réponse e-mail..

Je ne suis plus client de TSF, mais je continue encore de faire preuve de patience, plus pour très longtemps.

J'ai reçu le 20/10/2017 un e-mail répondant à ma première lettre du 28/08/2017 : 53 jours, si je compte bien. Je comptais donc recevoir enfin, vers 11 Novembre ! un e-mail   une réponse à ma lettre du 22 Septembre à laquelle était agrafée un chèque de 70,68€ me disant que vous l'avez enfin retrouvé !

Mais j'ai reçu hier 26 Octobre un e-mail   d'un « Service Régulateur » répondant à ma lettre du 24 Octobre (2 jours seulement, enfin !), qui me demande de remplir un questionnaire à lui renvoyer , après lequel il accepte de me répondre par e-mail : je l'ai rempli consciencieusement, mais il m'a été impossible de l'envoyer : il ne passe pas , parce qu'on exige moi que je joigne comme pièce jointe   le relevé de mon compte bancaire supposé contenir le montant et la date du débit du fameux chèque de 70,68€ , que vous refusez de chercher dans vos tiroirs!!!

Excusez-moi mais cette fois ma patience est vraiment à bout. Je vous envoie ci-joint copie de la réponse que j'avais faite à ce Service Régulateur Fantôme en ce qui me concerne. La Banque refuse que je fasse opposition à mon chèque, parce qu'il est rempli « à l'ordre de TSF». Alors dépêchez vous de le retrouver et de l'encaisser s'il vous plaît : ça commence à bien faire !!!! Ma prochaine lettre s'il y a lieu sera une Mise en Demeure.

P.J.: copie de ma réponse au Service Régulateur que votre « espace client » refuse de recevoir.

30 octobre 2017
VOTRE SERVICE CLIENT
VOUS INFORME

Votre ligne : **********
Votre contrat : **********

Réponse à votre courrier du 27/10/2017

Cher Monsieur K.,

Par courrier du 27/10/2017, vous nous faites part de votre mécontentement concernant le montant de votre dernière facture et la qualité de notre service client et le remboursement de votre dépôt de garantie.Tout d'abord, nous avons bien pris en considération vos remarques relatives à la qualité de nos services et allons les étudier avec la plus grande attention.

Nous vous informons que la résiliation de votre ligne a été bien prise en compte le 06/09/2017.

Nous vous informons également la bonne réception de vos équipements en date du 27/09/2017.

Par ailleurs, nous vous confirmons que le seul chèque reçu est de 53.36 euros TTC, encaissé le 17/10/2017

Nous vous confirmons également qu'une régularisation de 26 euros a été prise en compte, ce montant sera déduit de l'impayé présent sur votre ligne de 103,08 € et apparaîtra sur la prochaine facture corrective qui sera émise le 20/11/2017.qualité de nos services et allons les étudier avec la plus grande attention.

Nous vous informons que la résiliation de votre ligne a été bien prise en compte le 06/09/2017.D'autre part, nous vous informons qu'afin de bénéficier du remboursement des frais de dépôt de garantie, il est nécessaire de n'avoir aucune facture en attente de paiement.

Nous vous informons également la bonne réception de vos équipements en date du 27/09/2017.

D'autre part, nous vous informons qu'afin de bénéficier du remboursement des frais de dépôt de garantie, il est nécessaire de n'avoir aucune facture en attente de paiement.

M.**K**   01/11/ 2017

Service client TSF
TSA *****
14000 **CAEN** Cedex

Objet: Contrat n° **********

Monsieur le Directeur de la Relation Client,

Je maintiens fermement vous avoir envoyé un *chèque n°*******, de 70,68€, émis à l'ordre de TSF,* sur le Crédit Agricole Ile de France payable en France 34,36 Rue Emile Raspail 94110 Arcueil : chèque que je vous ai adressé *le 25/09/2017, agrafé par la souche à une lettre d'envoi* dont vous m'avez accusé réception *le 27/09/2017* sous la mention : « votre courrier référence PC0************ a bien été réceptionné » ;
Vous voudrez bien me dire ce que vous avez fait de cette lettre que je vous ai déjà signalée un grand nombre de fois et que vous ne mentionnez jamais dans vos réponses.
Je vous presse d'encaisser sans délai ce chèque, ou si vous n'en voulez pas de me le renvoyer,
   ou à défaut s'il y a lieu : *de me confirmer par écrit* que vous ne voyez aucun chèque accroché à cette lettre *dont vous ne pouvez nier l'existence* ; ou que vous ne retrouvez plus cette lettre qui serait perdue ; et de m'informer que ce chèque ne sera pas encaissé s'il est retrouvé, afin qu'avec ma banque je prenne des dispositions pour vous régler autrement : la banque me dit que je ne peux pas faire opposition sans motif valable à un chèque rempli à l'ordre de TSF, qu'elle est tenue de le payer.

Par ailleurs je vous mets en demeure de *renoncer purement et simplement à votre surfacturation de 29,43 €,* pour des prestations *que je ne vous ai jamais commandées, que je refuse,* et qu'il vous serait au surplus impossible de me fournir à partir du « mois à venir » suivant de septembre 2017, puisque notre contrat est résilié le 28/08/2017, et votre équipement démonté et restitué le 04/09/2017.
Dans les annexes que vous avez jointes à la facture citée, je précise que *je ne reconnais vous devoir aucune option payante en août : je n'en ai jamais souscrite aucune,* excepté, suivant les termes et dates du contrat : bouquet Téléspectacle, moins remise sur bouquet = 4,04€ pour ce mois.d'août 2017.

Les 70,68-4,04=66,64€ sont dus pour leur montant réel suivant si l'on se réfère aux termes du contrat pour abonnement, équipements et téléphone à la date d'août 2017:

abonnement + équipement : 52,98€ ; téléphone :5,68€ ;

l'équivalent de ces montants est rapporté dans votre annexe sous une forme non reconnaissable, dans laquelle je n'ai retenu que :

services VOD TV : 7,98€ , que je ne reconnais pas plus que le reste, mais ne discute pas, ne sachant pas de quels services il s'agit.

Je fais au surplus toutes réserves sur la légitimité de l'abonnement dû pour septembre, puisque tout a été démonté le 4/09/2017.

Cordialement

6 novembre 2017
VOTRE SERVICE CLIENT
VOUS INFORME

Votre ligne : **********
Votre contrat : **********

OBJET : réponse à votre courrier du 03/11/2017

Cher M. K.,

Par courrier du 03/11/2017, vous nous faites part de votre demande

concernant un chèque de 70,68 euros TTC. Nous regrettons la gêne

occasionnée et vous remercions de votre compréhension.

Nous vous informons que nous n'avons pas reçu votre chèque.

A ce jour votre compte présente un solde débiteur de 103,08 euros TTC

.   Nous vous invitons à régler cette somme de manière sécurisée par carte

bancaire. Il s'agit d'un paiement en immédiat et gratuit.

En ligne : en vous connectant sur votre Espace Client), puis en vous rendant

dans la rubrique « Conso et Factures ».

Via le SVI (service d'aide Vocal sécurisé) : en composant le **********

(Service et Appel Gratuit) et suivez les instructions.

Pour que vous puissiez retrouver plus rapidement l'accès à nos services,
nous vous conseillons de privilégier le paiement par carte bancaire

M.K.   7/11/ 2017

                          Service Client TSF
                          TSA*****
                          14032 **Caen** Cedex

Objet : Ce que vous voudrez

Bonjour,

Reçu votre réponse à mon courrier du 03/11/2017 : les termes de cette réponse sont manifestement ceux d'un courrier robotisé et n'apportent pas d'autre information que sa date.

J'y réponds nommément dans l'espoir d'être lu par un être humain et non par un robot.

Cher Monsieur, dont je ne connais pas le nom et qui n'existe peut-être pas,

Comme je l'ai déjà écrit et confirmé, compte tenu de vos délais de réponse, j'ai calculé que votre service courrier ne ressortira pas la lettre que j'ai envoyée le 25/09/2017 à Caen, à laquelle était agrafé un chèque de 70,68€, avant les alentours du 15 Novembre prochain.

Aucune instance n'est prévue à TSF (ou plutôt si : votre service de chèques à Bayeux, mais il ne donne pas signe de vie !) pour répondre plus tôt à la question très simple que je me suis tué à poser et à l'invite qui en découle : *veuillez svp déterrer cette lettre et le chèque*, vous trouverez obligatoirement la lettre (il y a un AR !) et si par hasard vous ne trouvez pas le chèque, veuillez faire ce que la banque demande de faire quand un chèque n'est pas trouvé ! Et arrêtez de m'écrire que *vous n'avez pas encore « reçu » ce chèque* ! comme si vous attendiez une apparition de la Vierge !...

J'attends donc avec patience le 15 Novembre, en espérant que la situation sera débloquée « aux ides de Novembre », robotiquement par l'haruspice de service, quand cette question sera enfin réglée.

Dans le cas contraire, j'aviserai.

Cordialement

9 novembre 2017
VOTRE SERVICE CLIENT
VOUS INFORME

OBJET : Réponse à votre courrier du 07/11/2017

Votre ligne : **********
Votre contrat : **********

Cher Monsieur K.,

Par courrier du 07/11/2017, vous nous faites part de votre mécontentement concernant le suivi de règlement de votre chèque

Tout d'abord, nous vous remercions de votre compréhension suite au retard pris dans le traitement de votre dossier.

Nous vous informons que la facture éditée le 20/08/2017 de 100,11 euros TTC comprend :- Achats de services VOD TV 7.98 euros TTC;- Vos communications téléphoniques au delà et/ou hors forfait(s) 5.68 euros TTC.

Par ailleurs, nous constatons que votre règlement d'un montant de 70,68 euros n'a pas été enregistré sur votre compte.

Afin d'effectuer les vérifications nécessaires, nous vous invitons à nous envoyer une copie complète du relevé de compte bancaire mentionnant la ligne du débit de la somme concernée

A réception, la demande sera transmise à nos services qui ne manqueront pas de revenir vers vous prochainement.

Vous pouvez visualiser et suivre l'ensemble des règlements de vos dernières factures directement sur internet, grâce à votre Espace Client.

14 novembre 2017
VOTRE SERVICE CLIENT
VOUS INFORME

Votre ligne : **********
Votre contrat : **********

OBJET : Réponse à votre courrier du 10/11/2017.

Cher M. K. ,Par courrier du 10/11/2017, vous nous faites part de votre mécontentement concernant votre règlement.
Nous comprenons la gêne occasionnée par cette situation.
Après analyse de votre dossier, nous avons constaté que votre règlement d'un montant de 70,68 euros auquel vous faites référence n'est pas encore reçu
.Afin d'effectuer les vérifications nécessaires, nous vous invitons à nous envoyer une copie complète du relevé de compte bancaire mentionnant la ligne du débit de la somme concernée
A réception et après étude, nous reprendrons contact avec vous afin de confirmer la bonne réception de votre règlement.
Quelques informations utiles :
Vous pouvez visualiser et suivre l'ensemble des règlements de vos dernières factures directement sur internet, grâce à votre Espace Client.
Si votre paiement intervient après un retard de paiement (ligne limitée ou suspendue), il faut compter un délai de 24 à 48 heures maximum pour que vous puissiez bénéficier de nouveau de

l'ensemble de vos services associés à votre contrat.

70

M.K.   15/11/ 2017

Service client TSF
TSA *****
14000 **CAEN** Cedex

Objet: Contrat n° **********

Bonjour,

Jadis un haruspice   annonça qu'aux ides de Mars (le 15/03) un événement très important pour l'humanité allait se produire.

Plus modestement, j'ai annoncé, après avoir calculé le délai soi-disant bref que met le TSF à répondre à mes lettres et trouvé 53 jours : qu'aux ides de Novembre (le 15/11) un événement intéressant pour vous et moi survenu environ deux mois auparavant pourrait être enfin détecté. Nous sommes le 15 Novembre.

A ce jour, j'ai pratiquement acquis toutes les preuves que l'entité dénommée :

« Service client TSF
TSA *****
14000 Caen Cedex

avec laquelle j' entretiens depuis le 28 aout 2017 une très longue correspondance concernant une facture de TSF datée du 20/08/2017, que j'ai payée par un chèque daté du 22/09/2017, agrafé à une lettre envoyée à cette adresse le 25/09/2017, dont il m'a été accusé réception par le service en question le 27/09/2017 ; que cette entité donc n'est pas une personne humaine, mais un robot, programmé entre autres pour résoudre certains problèmes posés à la facturation par le TSF de ses services à ses très nombreux clients.

Je me vois aujourd'hui obligé de constater que ce robot aveugle est incapable de constater la présence d'un chèque agrafé à la lettre et d'en assurer le traitement ; ou éventuellement de constater l'absence de ce chèque à cette place annoncée après avoir analysé le texte de la lettre et déduit de sa lecture « qu'il était annoncé qu'un chèque y était agrafé ». Au lieu de cela, il s'obstine à me répondre « qu'il n'a pas encore reçu le chèque ! », et il m'invite aussitôt à fournir une copie de mon compte bancaire prouvant que j'ai bien payé cette facture, avec un chèque que le TSF aurait donc reçu et présenté à l'encaissement !

71

Je ne vois donc pas d'autre solution à cette situation ridicule qui tourne à l'histoire de fous, que de donner suite à ma mise en cause en date du 31/10/2017, par une mise en demeure du TSF de faire examiner ma lettre du 25 /09/2017 par un être humain capable de prendre la décision de bon sens requise par la situation, et de cesser de recourir aux services de l'officine que je nommerai « Robot Aboyeur » totalement inappropriés à la résolution de ce problème enfantin de communication.

Faute d'une réponse satisfaisante à cette mise en demeure, je n'aurai malheureusement pas d'autre recours que de poursuivre en justice ce robot en demande de dommages et intérêts pour harcèlement. S'il en résulte que le TSF soit la risée du monde judiciaire, il l'aura bien cherché.

Pour m'assurer que cette lettre n'est pas lue seulement par un robot, j'en adresse copie au siège de TSF à son PDG.

Salutations

M.K.   **20/11/2017**

Service client TSF
TSA *****
14000 **CAEN** Cedex

Bonjour,

Je n'ai toujours pas reçu à ce jour votre réponse à la lettre que je vous ai envoyée il y a deux mois accompagnée d'un chèque le 25/09/2017, et à laquelle je fais référence dans de nombreux courriers échangés depuis. Vous-même m'avez dûment accusé réception de cette lettre dès le 27/09/2017.

Il n'est malheureusement pas impossible que votre obstination à ne pas répondre à cette lettre et à agir comme si elle n'existait pas ait pour conséquence que je sois obligé de vous poursuivre en justice pour rétention de pièce, afin de vous contraindre à la présenter devant le Tribunal, puisqu'il apparaît que c'est le seul moyen de mettre fin à notre litige en cours.

Pour le cas où vous avanceriez que cette lettre et/ou le chèque qu'elle contenait sont perdus, je vous adresse ci-joint copie de la lettre, en espérant que vous m'en accuserez réception. Si ce n'est pas le cas, je vous l'enverrai à nouveau par L.R.A.R.. à toutes fins utiles.

Salutations

COPIE à partir de mon ordinateur ::

M.K.   **25/09/2017**
*Accusé réception du courrier PCO*********** reçu le 27/09*

Service client TSF
TSA *****
14000 **CAEN** Cedex

73

Objet : examen de vos factures

Je rappelle vous avoir commandé un abonnement à Fibre THD de 51,99€ par mois équipement compris: réduit à 40,99€ par mois pendant les 12 premiers mois (*jusqu'à la facture du 20/01/2017 pour février 2017*) : abonnement où le bouquet Téléspectacle TV est inclus avec engagement 12 mois ; je dois donc comprendre qu'après 12 mois il faut ajouter le bouquet Téléspectacle moins sa remise éventuelle pour le montant indiqué dans l'Annexe.

Votre Annexe jointe à la facture est le reflet de la manière dont TSF comptabilise ses prestations : comme les clients de la Télévision se comptent par millions, vous ne pouvez probablement pas faire autrement. Elle vous conduit à énumérer des options et remises retenues pour construire à l'aide de leur seul montant une somme correspondant à peu près aux engagements contractuels pour les prestations du mois à venir : mais somme augmentée aussi d'autres options auxquelles je n'ai jamais souscrit (*excepté le bouquet Téléspectacle inclus dans la commande*), et quelques services ponctuels, que je ne dois donc en aucune façon à TSF.

Concernant votre dernière facture du 20/08/2017 pour les prestations à venir en septembre, à laquelle je maintiens mon opposition, comme j'ai résilié mon contrat le 28 Aout, et que j'ai fait retirer votre matériel pour vous le retourner le 4 septembre, je ne sais pas si je dois ou non l'abonnement de septembre : je vous paie donc sous réserve :
52,98 (abonnement)+4,04(bouquet Téléspectacle moins remise)+5,68 (téléphone)+ 7,98(services VOD, bien que je ne vois pas du tout ce que c'est) = 70,68 euros. **J'ai donc rejeté des montants que je ne dois certainement pas (29,43€), et je vous règle par le chèque ci-joint la somme restante : 70,68 euros,** qui comprend l'abonnement de septembre, en vous demandant de régulariser dans la facture finale.

22 novembre 2017
VOTRE SERVICE CLIENT
VOUS INFORME

Votre ligne : **********
Votre contrat : **********
OBJET : Réponse à votre courrier du 21/11/2017

Cher M. K.,

Par courrier du 21/11/2017 vous nous faites part de votre mécontentement concernant votre situation comptable.Nous comprenons la situation.

Nous vous informons que votre règlement d'un montant de 70,68 euros auquel vous faites référence n'est pas encore reçu.

Le chèque encaissé en date du 17/10/2017 est d'un montant de 53,36 euros TTC.

Par ailleurs, nous constatons que votre compte présente un solde débiteur de 77,08 euros TTC.

Afin de bénéficier du remboursement des frais de dépôt de garantie, il est nécessaire de n'avoir aucune facture en attente de paiement.

M. K.,   **23/11/2017**

Service client TSF
TSA *****
14000 **CAEN** Cedex

Objets: Contrat n**********
Régularisations
Bonjour,

Je me réfère à ma lettre du 16 novembre 2017, et je m'empresse surtout de répondre à votre réponse du 22 novembre à ma lettre du 20 novembre, qui me laisse espérer que nous allons enfin résoudre dans les jours qui viennent les problèmes posés par votre manque de réponse à la lettre que je vous ai envoyée le 25 septembre accompagnée d'un chèque de 70,68€.

Certes vous m'affirmez une fois de plus que « vous n'avez pas encore reçu » ce chèque tandis que je vous répète que « je vous l'ai envoyé dans cette lettre » à laquelle vous ne me répondez pas encore. Mais je garde l'espoir que vous allez finir par le trouver bientôt et l'encaisser ; ou sinon il vous suffira de m'écrire que vous ne trouvez pas de chèque **à l'endroit où je vous dis que je l'ai mis**, auquel cas je m'empresserai d'envoyer un nouveau chèque de la même somme, cette fois à votre Service d'Encaissement de Bayeux, puisque c'est l'adresse où envoyer les chèques selon votre correspondance. C'est une étape indispensable à franchir le plus vite possible pour résoudre nos problèmes et j'espère qu'elle est en vue.
Si nous y arrivons dans les prochains jours, le solde débiteur de mon compte de 77,08 € que votre lettre annonce se réduira à : 77,08 − 70,68 = 6,40€, dont : 2,97€ que je dois encore sur votre facture du 20/09/2017 de 56,33€ que j'ai mal lue et payée par un chèque de 53,36€ seulement.

Si je vous réglais alors ces 2,97€ manquants, le solde débiteur se réduirait à : 6,40-2,97 = 3,43€, ce qui est exactement la différence entre les 29,43€ que j'estimais ne pas devoir dans votre facture de 100,11€ du 20 août 2017 selon le décompte que je vous ai présenté dans ma lettre du 22 septembre 2017, et les 26€ de régularisation dont vous m'avez annoncé que mon compte serait crédité aujourd'hui.

76

Notre litige se limite donc à ces 3,43€ de différence entre le montant de prestations à venir en septembre que je ne comprenais pas (et qui d'ailleurs ne seront pas servies puisque vos équipements ont été démontés et restitués le 4 septembre), et ce que vous voudrez bien, comme je vous en prie, m'indiquer comme étant la cause de la régularisation de mon compte, que vous ne m'avez pas encore précisée.

Il va de soi que dans ce cas je retirerai ma réclamation et réglerai sans plus attendre le solde débiteur de mon compte client, afin que vous me restituiez mon dépôt de garantie.

Dans cette attente, je vous présente mes salutations

M.K.   25/11/2017

Service client TSF
TSA *****
14000 **CAEN** Cedex

Objets: Contrat n° **********
Votre facture du 20/08/2017

Bonjour,

Me référant à ma lettre d'avant hier 23/11/2017, je vous rappelle vous avoir adressé il y a exactement deux mois une lettre à laquelle était agrafé un chèque de 70,68€, lettre dont vous m'avez accusé réception mais à laquelle vous n'avez pas encore répondu, ce qui nous met dans l'embarras décrit dans ma lettre du 23/11/2017.

Je vous ai envoyé le 20/11/2017 une copie de cette lettre, au cas où vous auriez perdu l'original.

J'y ajoute aujourd'hui *une photo de la souche du chèque n°******* en question, que je vous dis avoir agrafé à cet endroit*, et j'attends que vous vouliez bien m'écrire pour me dire que vous ne le trouvez pas si c'est le cas. Je n'ai pas besoin de vous répéter à nouveau qu'il est indispensable que vous répondiez à ma lettre pour me dire cela, afin que je vous envoie un nouveau chèque.

Si comme je l'espère encore, vous trouvez mon chèque à l'endroit que je vous dis, ce sera plus simple : vous n'aurez plus qu'à l'encaisser aussitôt.

Vous pouvez constater que la souche contient des gribouillis, dus d'une part au fait que j'ai rempli le chèque le 22/09/2017 puis envoyé le 25/09/2017, comme je vous l'ai signalé dans des courriers précédents, d'autre part au fait que je me suis trompé tout d'abord en marquant la date à l'endroit où il fallait marquer le montant.

Je ne vois vraiment pas ce que je peux vous dire de plus, et vous souhaite bonne réception.

Imprimé ici : Fac SIMILE Souche du chèque

78

M. K.   26 /11/ 2017

Service Régulateur TSF
TSA *****
14000 **CAEN** Cedex

Objet : Contrat n° **********
défaut de communication du courrier concernant la facture du 20/08/2017

Bonjour,

Je suis informé par les Forums que le client qui veut faire une réclamation parce qu'il se sent lésé doit d'abord l'adresser au Service Client ; au bout d'un mois un Service Régulateur lui répond, et si la réponse n'aboutit pas, le client peut adresser une demande au Médiateur des communications électroniques, qui propose une solution amiable au bout de trois mois.

Mais la réclamation que je présente ne rentre pas du tout dans ce cadre : elle n'est pas relative à un litige, un désaccord : je mets en cause le fonctionnement même du Service Client, qui dans mon cas fait preuve d'un dysfonctionnement, d'un « bug », qui l'empêche de répondre à ma demande.
Je suis confronté à un problème de communication dont le traitement inapproprié par vos Services engendre des complications fâcheuses, non résolues à ce jour.

L'origine de mon affaire est la suivante: j'ai reçu du Service Client de Caen le 20 août 2017 une facture pour des prestations à servir en septembre que j'ai effectivement contestées à l'époque, ce qui m'a conduit à rejeter le règlement par prélèvement automatique et à résilier mon contrat.
L'intervention que je demande, *qui n'a rien à voir avec cela*, porte sur le point suivant : j'ai donc dû régler la facture du 20 aout 2017 par un chèque de 70,68€ à l'ordre de TSF, que j'ai agrafé à une lettre envoyée au Service Client le 25 septembre 2017 et dont le Service Client m'a accusé automatiquement réception le 27 septembre 2017. Mais il n'a pas encore répondu à cette lettre, deux mois après ! et surtout il n'a pas encaissé le chèque qu'elle contenait, peut-être parce qu'il n'est pas programmé pour

être payé par chèque, et la suite me donne à penser que ce Service Client Automatisé ne me répondra jamais, s'il ne se présente aucune intervention humaine susceptible de corriger ce bug évident de l'automatisme.

Le Service Régulateur mis en place : vous-même, m'a bien contacté au bout d'un mois le 26 Octobre 2017, mais m'a fourni une réponse totalement inappropriée à ma réclamation : vous avez prétendu que j'annonce l'envoi d'un chèque mais que ce chèque n'est pas encore reçu, alors que j'ai écrit : « je vous règle par le chèque ci-joint », qui se trouve dans la lettre même! Seriez-vous un Service Régulateur Automatisé comme le Service Client ?

J'ai envoyé au Service Client Automatisé un très grand nombre de lettres pour l'alerter sur ce dysfonctionnement qui bloque le règlement de ma facture et de mon compte, sans réussir à débloquer la situation à ce jour, et en déclenchant au contraire des menaces pour un « impayé » !!!. Je m'adresse évidemment à un automate, un robot, qui n'est pas programmé pour prendre un chèque.

Je fais donc cette dernière tentative en espérant que cette lettre sera lue par une personne humaine qui débloquera cette situation en recherchant le chèque dans la lettre, et en me demandant d'envoyer un autre chèque si pour une raison quelconque le chèque envoyé, n°******* n'est pas trouvé : *à l' endroit où je dis que je l'ai agrafé, et pas ailleurs !*
Si vos Services Client et Régulateur Automatisés ne permettent pas cette intervention humaine en dépit de mes avertissements répétés, je ne vois pas d'autre issue que d'alerter votre Direction de la Communication, dont j'espère qu'elle interviendra plus vite que le Médiateur.

Je joins quelques copies de lettres que j'ai envoyées au Service Client, et vous présente mes salutations.
P.J.

28 novembre 2017
VOTRE SERVICE CLIENT
VOUS INFORME

Votre ligne : **********
Votre contrat : **********

Cher M. K. ,

Par courrier du 27/11/2017, vous nous faites part de votre mécontentement concernant la restitution du matériel, le remboursement des frais de dépôt de garantie et votre règlement.

Tout d'abord, Nous vous confirmons la bonne réception de votre matériel en date du 27/09/2017.

Par ailleurs, nous constatons que votre compte présente un solde débiteur de 77,08 euros TTC. Afin de bénéficier du remboursement des frais de dépôt de garantie, il est nécessaire de n'avoir aucune facture en attente de paiement.Enfin, nous comprenons la gêne occasionnée par cette situation.

Après analyse de votre dossier, nous avons constaté que votre règlement d'un montant de 70,68 euros auquel vous faites référence n'est pas encore reçu.

Afin d'effectuer les vérifications nécessaires, nous vous invitons à nous envoyer une copie complète du relevé de compte bancaire mentionnant la ligne du débit de la somme concernée A réception et après étude, nous reprendrons contact avec vous afin de confirmer la bonne réception de votre règlement.

Quelques informations utiles :- Vous pouvez visualiser et suivre l'ensemble des règlements de vos dernières factures directement sur internet, grâce à votre Espace Client.

M.K.   **29/11/2017**

Service client TSF
TSA *****
14000 **CAEN** Cedex

Objets: Contrat n° **********
Votre facture du 20/08/2017

Bonjour,

Je reçois aujourd'hui votre réponse à mon courrier du 27/11/207, et je me suis efforcé de remplir scrupuleusement une fois de plus le questionnaire   joint à l'intention du Service Régulateur:.bien qu'il me soit réclamé un *relevé de compte bancaire* mentionnant que vous avez encaissé mon chèque, envoyé depuis 2 mois , ce que précisément vous n'avez pas fait, pas plus que vous n'avez répondu à ma lettre d'il y a plus de deux mois du 25/09/2017.

Ci-aprés copie de ma réponse au questionnaire, car je ne sais pas si le lien utilisé aura reçu le questionnaire rempli, votre questionnaire indiquant que le relevé de compte doit être joint obligatoirement !

Si le questionnaire n'est pas passé, ce sera une preuve supplémentaire de l'inadéquation de votre système de facturation, incapable de recevoir mon règlement dans sa forme actuelle : une légère modification suffirait à le rendre opérationnel.

J'espère que ces remarques vous rendront service et contribueront à accélérer le règlement de mon compte, et vous présente mes salutations.

P.J. : Copie de ma réponse à votre questionnaire de Service Régulateur :

« Je remplis ce document pour tenter de résoudre un problème de facturation, ou pour démontrer l'inadéquation du document à la résolution du problème soulevé.

Dans votre réponse à mon courrier du 27/11/2017, vous m'écrivez : « nous avons constaté que votre règlement d'un montant de 70,68€ auquel vous faites référence n'est pas encore reçu »

Mais vous m'aviez accusé réception le 27/09/2017 du courrier PCO************ que je vous ai envoyé le 25/09/2017 auquel vous n'avez toujours pas répondu plus de 2 mois après. J'en recopie ci-dessous la fin :

« Concernant votre dernière facture du 20/08/2017 pour les **prestations à venir en septembre, à laquelle je maintiens mon opposition** , comme j'ai résilié mon contrat le 28 Aout, et que j'ai fait retirer votre matériel pour vous le retourner le 4 septembre, je ne sais pas si je dois ou non l'abonnement de septembre : je vous paie donc sous réserve :

52,98(abonnement)+ 4,04(bouquet Power moins remise)+5,68 (téléphone) + 7,98(services VOD TV, bien que je ne vois pas du tout ce que c'est) = 70,68 euros. **J'ai donc rejeté les montants que je ne dois certainement pas (29,43€), et je vous régle par le chèque ci-joint la somme restante : 70,68 euros,** qui comprend l'abonnement de septembre, en vous demandant de régulariser dans la facture finale. »

Mon chèque n°******** à l'ordre de TSF de 70,68€ était agrafé juste au-dessous de ce texte.

Donc, ou bien vous l'avez reçu et cela depuis le 27/09/2017, dans une lettre que vous n'avez pas encore lue ; ou bien vous avez lu la lettre et n'avez pas trouvé le chèque quelle qu'en soit la raison, et il vous appartient de répondre enfin à ma lettre du 25/05/2017 pour m'en informer, afin que je vous adresse un autre chèque de même montant.

En aucun cas vous ne pouvez constater que « mon règlement n'est pas encore reçu !», et il ne peut apparaître dans le relevé de mon compte bancaire, puisque vous ne l'avez pas encaissé. »

30 novembre 2017
VOTRE SERVICE RÉGULATEUR

Votre ligne : **********
Votre contrat : **********

OBJET : Recherche de réglement.

Cher M. K.,

Par votre courrier du 29 novembre 2017, vous nous faites part de votre mécontentement concernant votre règlement.Je comprends la gêne occasionnée par cette situation.

Après analyse de votre dossier, j'ai constaté que votre règlement d'un montant de 70,68 euros auquel vous faites référence n'est pas encore reçu.

Le dernier chèque reçu par nos services était celui d'un montant de 53,36 euros TTC, celui-ci a été encaissé en date du 17 octobre 2017.

Afin d'effectuer les vérifications nécessaires, je vous invite à nous envoyer une copie complète du relevé de compte bancaire mentionnant la ligne du débit de la somme concernée

À réception et après étude, nous reprendrons contact avec vous afin de confirmer la bonne réception de votre règlement.

Quelques informations utiles : Vous pouvez visualiser et suivre l'ensemble des règlements de vos dernières factures directement sur internet, grâce à votre Espace Client.

M. K.   **30/11/2017**

Service client TSF
TSA *****
14000 **CAEN** Cedex

Objets: Contrat n° **********
Votre facture du 20/08/2017

Je n'ai toujours pas compris pourquoi le Service Client ne répond pas à la lettre que j'ai adressée le 25/09/2017, il y a plus de deux mois maintenant, pour régler par chèque votre facture du 20/08/2017. Je vous adresse aujourd'hui à vous-même en personne, si cette personne existe, cette lettre complémentaire.

J'essaie cette fois de comprendre cette attitude bizarre en jouant au détective :

Je ne vois pas du tout pour quelle raison ce Service Client Automatisé n'aurait pas encaissé mon chèque. Ce serait de sa part un comportement aberrant : rien ne l'empêchait d'encaisser, et de continuer à me réclamer un solde débiteur de 29,43€ si c'était son « idée », comme il l'a d'ailleurs fait dans plusieurs de ses réponses ultérieures.

En l'absence de réponse, je suppose donc qu'il n'a vraiment pas trouvé ce chèque. Mais il m'écrit que « j'y fais référence » : comme s'il attendait encore qu'il arrive !

Monsieur, si vous existez, je ne vois pas pourquoi vous ne m'écrivez pas cette fois vous-même en personne, pour me dire que vous ne voyez pas de chèque dans la lettre du 25/09/20017 si c'est le cas : je n'ai besoin que de cette réponse, pour vous régler par un autre chèque, ou autrement, ce qui réglerait le problème de la facture.

Si je fais un autre chèque et que TSF encaisse les deux, je ne manquerai certainement pas de vous adresser alors la copie de mon compte bancaire que votre Service Régulateur me réclame en vain : quelle copie voulez-vous que je lui envoie aujourd'hui ? puisque aucun chèque émis du numéro auquel je me réfère n'y apparaît encore.

Je vous ai envoyé copie de la <u>souche latérale</u>, qui est encore <u>chez moi dans mon chéquier</u> : j'ai agrafé ce chèque à ma lettre du 25/09/2017 par la <u>souche supérieure, qui est dans la lettre.</u> Ce chèque a donc forcément été détaché par quelqu'un, qui n'est pas habilité à l'encaisser, et en principe ne peut rien en faire puisqu'il est rempli à l'ordre de TSF, sauf un usage malveillant. Ce quelqu'un a peut-être détaché aussi la souche supérieure, mais il n'a pas pu supprimer les trous de l'agrafe. Ou bien il a pu peut-être simplement supprimer la page 2 de la lettre ! dont je vous ai adressé copie le 20 novembre à titre de vérification. Tout cela pour une somme plutôt modique : c'est difficile à imaginer.

Comprenez que la Banque et moi avons vraiment besoin <u>d'un témoignage humain</u> : j'ai écrit à votre Direction de la Communication pour tenter de l'obtenir.

Permettez-moi donc de n'adresser mes salutations *qu'à une personne humaine.*

M K.   04 /12/ 2017

Service *Encaissement*
TSA *****
14400 **Bayeux Cedex**

Objets: Contrat n° **********
Facture du 20/08/2017

Monsieur le Directeur du Service Encaissement,

Faisant suite à mes lettres du 17 /10/2017 et du 20/10/2017, je vous prie de trouver ci- joint agrafé à cette lettre un chèque n° ******* à l'ordre de TSF de 6,40€, en règlement du solde débiteur de mon compte client au Service client TSF à Caen.

En effet ce Service Client m'écrit le 28/11/2017 que ce solde débiteur est selon lui de 77,08€, mais il ne tient pas compte d'un chèque n° ******* à l'ordre de **TSF** de 70,68€ que je lui ai envoyé le 25/09/2017, par erreur à Caen, au lieu de l'envoyer au Service Encaissement à Bayeux.

J'ai commis cette erreur parce que dans l'Espace Client de TSF à la rubrique : CLIENTS TSF : COMMENT RÉGLER VOTRE FACTURE, il est bien dit que TSF accepte le paiement par chèque, mais il n'est précisé nulle part à quel endroit : il est alors naturel que le chèque ait été envoyé au Service qui a envoyé la facture, ce que j'ai fait : j'ai envoyé le chèque à mon Service Client à Caen.

Comme personne à Caen ni ailleurs ne reconnait avoir reçu ce chèque de 70,68€, je vous prie de me dire s'il n'aurait pas été par hasard acheminé automatiquement vers le Service Encaissement de Bayeux, sans indication de son usage.
Je vous en remercie par avance et vous présente mes salutations.

J'envoie copie de ce courrier au Service Client à Caen.

M. K.   **4/12/2017**

Service client TSF
TSA*****
14000 **Caen** Cedex

Objets: Contrat n° 1-7WR6-4140
Votre facture du 20/08/2017

Poursuivant mon travail de détective initié par ma lettre du 30/11/2017, je relis votre lettre du 13/09/2017 , OBJET : LETTRE DE REJET-MISE EN DEMEURE

J'en retiens que « je peux effectuer le paiement de la facture » : par carte bancaire, par la Poste ou par chèque à l'ordre de TSF, à envoyer à l'adresse inscrite au dos du courrier , à savoir :

TSF, Service Encaissement, TSA *****   14400 Bayeux Cedex .

Sur le moment je n'y ai pas fait attention parce que ce n'était pas indiqué dans l'Espace Client TSF, et le 25/09/2017 je vous ai donc envoyé mon règlement par chèque à vous-même à Caen au lieu de Bayeux.

Il n'est donc pas impossible que votre Service Client ait acheminé ce chèque machinalement au Service Encaissement de Bayeux : c'est une piste de plus que j'explore en envoyant à Bayeux le chèque de règlement du solde débiteur réel de 6,40€.

Il est malheureusement possible que ce soit une fausse piste, mais je saisis l'occasion de voir comment un chèque circule dans le TSF, en limitant mon risque à 6,4€ si par hasard ce chèque aussi venait à disparaître !

Je joins à cette lettre copie de la lettre que j'envoie aujourd'hui même au Service Encaissement de Bayeux avec le chèque de 6,40€, à titre exploratoire.

Je vous présente mes salutations

6 décembre 2017
VOTRE SERVICE RÉGULATEUR
VOUS INFORME

Votre ligne : **********
Votre contrat : **********

OBJET : La situation comptable

Cher Monsieur K.,

Par courrier du 05/12/2017 vous nous faites part de votre mécontentement concernant votre règlement.Je comprends la gêne occasionnée par cette situation

Après analyse de votre dossier, j'ai constaté que votre règlement d'un montant de 70,68 euros auquel vous faites référence n'est pas encore reçu.

Afin d'effectuer les vérifications nécessaires, je vous invite à nous envoyer une copie complète du relevé de compte bancaire mentionnant la ligne du débit de la somme concernée. Merci de préciser vos coordonnées complètes (nom, prénom, numéro de téléphone, adresse, numéro compte client) et envoyer le RIB par courrier à l'adresse ci dessous:

Réclamation.Encaissement TSA***** 14000.Caen.Cedex

Pour information, votre banque est en mesure de vous fournir gratuitement le justificatif de débit.

Une fois reçu, la demande sera transmise à nos services qui ne manqueront de revenir vers vous dans les meilleurs délais.Vous pouvez suivre et effectuer le règlement de vos factures en ligne, dans la rubrique « Factures » de votre Espace Client

89

M. **K.**   **15/12/2017**

Service client TSF
TSA *****
14000 **CAEN** Cedex

Je vous informe que j'ai fait opposition à deux chèques émis à l'ordre de
TSF :
  1) chèque n°******* de 70,68€ en règlement de votre facture du
     20/08/2017 envoyé le 25/09/2017, non encaissé 80 jours après ;
  2) chèque n°******* de 6,40€ en règlement de mon solde débiteur,
     envoyé le 04/12/2017 au Service Encaissement à Bayeux, non
     encaissé à ce jour.

Aussitôt après, j'ai réglé mon solde débiteur en ligne, d'un montant égal
à la somme de ces deux chèques, de telle sorte que je ne dois plus rien et
que vous pouvez me rembourser mon dépôt de garantie de 75€.

Mais cela dit, il n'est pas impossible que pour une raison quelconque,
l'un de ces chèques soit présenté à l'encaissement par TSF après ce
règlement définitif s'il n'a pas été détruit par la suite ; au lieu d'être détruit
par vos soins si votre système le permet, ce dont je doute.
Dans cette circonstance, la Banque enregistrera une « anomalie », dont
elle me fera part : elle peut difficilement refuser un chèque qui n'a été ni volé
ni falsifié, ni même égaré.

De mon coté je constaterai que ce cas serait précisément celui qui a été
prévu par votre Service Régulateur comme étant celui qu'il considère
comme « normal » selon lui : celui d'une dette payée deux fois par un
débiteur distrait ; paiement pour lequel la procédure qu'il m'avait proposée,
qui était inapplicable car inadaptée précédemment à la situation imprévue
qui se présentait, pourrait alors devenir opérationnelle.
Nous sommes donc convenus avec ma Banque que le chèque ainsi
présenté serait payé malgré l'opposition, et que j'en serais prévenu par une
attestation bancaire que je présenterais au Service Régulateur comme il le
prévoit dans son questionnaire, pour que j'obtienne le remboursement de la
somme qui aurait été payée deux fois.

90

Vous conviendrez, je l'espère, qu'au lieu de toutes ces complications, il serait de beaucoup préférable que quelqu'un, qui ne saurait être un robot automatique, prenne la peine de faire détruire   les chèques intervenus inopinément, et devenus inutiles dès lors qu'une autre personne humaine a pris l'initiative de faire opposition.

Je vous serais très obligé de prévenir le Service Régulateur de cette éventualité.

Je vous présente mes salutations.

15 janvier 2018
VOTRE SERVICE CLIENT
VOUS INFORME

Votre ligne : **********
Votre contrat : **********

OBJET : Réponse à votre courrier concernant votre réglement

Cher Monsieur K.,

Par courrier du 11/01/2018, vous nous faites part de votre mécontentement concernant votre règlement.

Nous vous confirmons la réception de votre règlement d'un montant de 6,40 euros en date du 10/01/2018.

À ce jour, votre compte présente un solde créditeur de 6,40 euros.

Vous pouvez visualiser et suivre l'ensemble des règlements de vos dernières factures directement sur internet, grâce à votre Espace Client.